6Mois

L'Inde compte entre deux et trois millions de prostituées selon les estimations, dont les trois-quarts sont âgées de moins de 17 ans. Leur nombre est le double ou le triple en Chine, sans compter les concubines. Aux Philippines, pays de 100 millions d'habitants, 500 000 personnes, principalement des femmes et des enfants, travaillent dans l'industrie de la prostitution, selon le Bureau international du travail.
En Asie du Sud-Est, les touristes occidentaux ne représentent qu'un faible pourcentage des clients des bordels locaux. Mais les hommes venus d'Europe, des États-Unis ou d'Australie, attirent une frange des jeunes femmes pauvres qui voient dans ces Occidentaux la possibilité de rencontres bien plus rémunératrices. Cette économie occulte, traite moderne des femmes, représenterait entre 2 et 14 % du PIB dans la région. Comment raconter cette tragédie ? La plupart des reportages choisissent de montrer le mal : rues chaudes aux couleurs criardes, rouges et jaunes ; Occidentaux bedonnants enlacés à des gamines en mini-short trop vite grandies ; jeunes touristes rigolards en virées alcoolisées au bras de prostituées miniatures, outrageusement maquillées. Ces images suscitent la nausée et la colère, avec le malaise qui accompagne toujours le spectacle du sexe, de l'argent et de la jouissance qu'un homme s'arroge parce qu'il est né du bon côté et que ses quelques billets valent plusieurs mois de salaires dans un pays pauvre.
Les photographes allemands Stefan Finger et Insa Hagemann ont choisi de renverser le regard. Surpris par le nombre d'enfants métis dans les rues aux Philippines, ils ont cherché à en connaître la raison. *« La vie, c'est ce qui t'arrive quand tu es occupé à prévoir autre chose »*, disait John Lennon. Stefan Finger et Insa Hagemann ont découvert que ces gamins métis étaient presque tous des enfants de prostituées. Ils ont décidé de raconter le tourisme sexuel à travers quelques-uns des milliers d'enfants qui naissent, chaque année, de père inconnu, d'un homme de passage quelques heures ou quelques semaines dans les nuits de leurs mères prostituées.
Avec pudeur, en vivant au milieu d'eux, dans ces familles bricolées par la prostitution internationale, ils donnent à voir une réalité bien plus dérangeante que les bordels ou les plages avec leurs nuées de filles perdues. Comment vivre quand on porte sur sa peau que l'on est le fruit d'un viol tarifé ? Sans voyeurisme, ce reportage donne à voir cette réalité tragique, avec plus de force que toutes les « nuits de Manille ».
De très nombreux photojournalistes préfèrent l'image choc qui va provoquer. Sur Google, les mots « shocking picture » font apparaître 39,3 millions d'occurrences, et « sex tourism picture » 11,4 millions... Le travail que nous sommes fiers d'accueillir dans *6Mois* montre un chemin différent. Stefan Finger et Insa Hagemann ont choisi de raconter le monde autrement, même sa face la plus sombre. Ils nous invitent, comme photographes et comme journalistes, à troubler plutôt qu'à choquer, à suggérer au lieu d'imposer, à questionner plus qu'à affirmer. Depuis le premier numéro de *6Mois*, c'est notre ligne de conduite, confiants dans l'intelligence du lecteur •

Laurent Beccaria,
Patrick de Saint-Exupéry,
Marie-Pierre Subtil

6Mois

Le jour où...

ILS ONT MARCHÉ SUR LA MINE

Le 13 mai 2016, en Allemagne, des activistes occupent une des plus vastes mines de charbon d'Europe. **Denis Meyer** *était de la partie.*

En découvrant l'étendue de la mine de Welzow, Denis Meyer s'est senti pris de vertige : « *Du charbon, du charbon et encore du charbon à perte de vue, c'est lunaire.* » Ce vendredi 13 mai, le photographe accompagne près de 2 000 militants sur le point d'investir l'une des plus grandes mines de lignite à ciel ouvert d'Europe, au milieu de nulle part, entre Dresde et Berlin.

Ils sont allemands, anglais, suédois, belges, français, polonais et prennent part au mouvement *Break Free* (« Libérons-nous »), qualifié par ses organisateurs de « *plus grand mouvement de désobéissance civile de l'histoire en faveur du climat* ».

Les quinze jours précédents, plus de 30 000 citoyens se sont rassemblés sous cette bannière aux quatre coins de la planète pour réclamer l'abandon des énergies fossiles.

Leur technique : enrayer le système à coups d'actions non violentes. C'est un port bloqué par des kayaks en Australie, une banque paralysée en Nouvelle-Zélande, une ligne de chemin de fer coupée aux États-Unis, des manifestations au Brésil, aux Philippines, au Nigeria... Le blocage de Welzow constitue le bouquet final.

Coussins de paille

Certains d'être accueillis par des policiers casqués, les activistes ont passé la matinée à confectionner des coussins de paille pour parer les coups. « *Ils n'ont servi à rien : personne ne nous attendait* », raconte le photographe. Averti de l'action imminente, le propriétaire de la mine a préféré mettre le chantier à l'arrêt. Les activistes occupent le site sans rencontrer de résistance.

Le lendemain, ils couperont l'approvisionnement de la centrale électrique voisine pendant quelques heures, en barrant une voie ferrée •

Mathilde Boussion

« Habillés de combinaisons blanches pour se protéger de la poussière, les militants descendent au cœur de la mine. Le matin, ils se sont entraînés à franchir des barrages de police. Inutile : la mine n'étant pas clôturée, les autorités allemandes ont estimé que la présence des activistes ne constituait pas une violation de propriété privée. »

« Brûlez les frontières, pas le charbon. »

« Certaines machines font près de 30 mètres de haut. Toutes sont bloquées par les activistes. Le gros de la troupe lève le camp au bout de quelques heures mais une centaine de militants resteront sur place pendant trois jours. »

« Les manifestants se rassemblent en petits groupes en fonction de leurs affinités. Ici, le Pink bloc, un groupe informel apparu à Prague en 2000 à l'occasion de manifestations antimondialistes. Ce collectif gay et lesbien revendique une forme de résistance "joyeuse, musicale et bariolée". »

L'image

LE DÉFI

Un poing levé face aux néonazis suédois a fait le tour du monde. Comme le symbole, capté par **David Lagerlöf,** *d'une Europe fragilisée mais debout.*

Que l'une de ses photos puisse être vue par la terre entière, il en est encore tout épaté. David Lagerlöf ne couvre pas l'actualité chaude. Photographe pour *Expo*, le trimestriel antiraciste fondé par Stieg Larsson, l'auteur de la saga *Millénium*, il se contentait plutôt bien d'une petite notoriété dans sa Suède natale. Jusqu'à ce que sa route croise celle de néonazis défilant pour le 1er mai à Borlänge, une ville située au nord-ouest de Stockholm. Et celle d'une femme venue leur tenir tête.

Il l'a appris plus tard, elle s'appelle Tess Asplund. Née en Colombie, elle se définit comme militante antiraciste et a refusé de répondre à nos questions. Aux journalistes britanniques du *Guardian*, cette activiste de 42 ans explique recevoir maintenant des appels anonymes la nuit : *« C'est le cirque. [...] Les nazis sont très en colère contre moi, alors je me dis : "Oh zut, peut-être que je n'aurais pas dû..." »*

Centres d'accueil incendiés

Si les membres de l'organisation Nordiska motståndsrörelsen (Mouvement de résistance nordique) lui font peur, c'est que certains ont été condamnés pour crimes violents. *« Elle est petite, ils sont imposants,* raconte David Lagerlöf. *Elle était seule, ils étaient 300. Un homme a applaudi son geste, il a été frappé. »*

L'extrême droite progresse en Suède et ne porte pas toujours l'habit du néonazi. Alors que le pays accueille proportionnellement plus de réfugiés que tout autre pays de l'Union européenne, le parti de droite radicale Les démocrates de Suède, 13 % des voix aux dernières législatives, atteint 20 % dans certains sondages. C'est moins qu'en Autriche, en Pologne, en Suisse, en France, au Danemark ou en Hongrie. Mais des centres d'accueil ont été incendiés. Et des milices civiles patrouillent la nuit dans une vingtaine de villes pour *« rassurer la population »*.

L'image d'une société modèle, ouverte et tolérante, est écornée. Un rapport des Nations unies indique que les violences racistes sont *« un vaste problème »* en Suède. Les crimes envers les citoyens d'origine africaine ont augmenté de 40 % entre 2008 et 2014. Le geste de cette femme noire qui dit non avait donc tout pour émouvoir. *« Si cela peut être un symbole,* dit-elle, *que ce soit celui de notre pouvoir à tous. Si une personne peut le faire, tout le monde le peut. »* •

Marion Quillard

DAVID LAGERLÖF / EXPO

HAGA PIZZERIA
PIZZA

« Victime de trafiquants pendant des années, Daisy, venue des Philippines, travaille aujourd'hui comme nounou dans l'Upper East Side, un quartier huppé de New York. »

Elle l'a fait

DOMESTIQUE PHOTOGRAPHE

Xyza Cruz Bacani *faisait des ménages à Hongkong. Aujourd'hui, elle témoigne avec ses images du trafic d'êtres humains à travers le monde.*

Xyza Cruz Bacani s'est mise à la photo pour *« dévoiler le monde »* à sa mère. Toutes deux domestiques à Hongkong, elles vivaient dans une petite pièce de l'appartement cossu de leur employeur. Sa mère n'en sortait jamais, tandis que Xyza était fascinée

par la mégapole. Durant son unique jour de congé hebdomadaire, la jeune Philippine photographiait des passants, des wagons de métro bondés, un enfant avachi, un rayon de supermarché, une place ensoleillée…
Aujourd'hui, à 29 ans seulement, elle dévoile au monde la vie de sa mère : ses portraits de domestiques sont exposés aux quatre coins de la planète. *« Ce qui m'arrive semble si irréel que parfois j'ai du mal à y croire ! »*, dit-elle par Skype depuis les Philippines, avant de s'envoler pour un vernissage à Abou Dhabi. Son histoire ressemble à un conte. Elle grandit dans un village reculé des Philippines, rêvant de dessiner tranquillement dans sa chambre et de construire des objets de ses mains. *« Mais l'art, c'est pour les riches. Les misérables pensent à remplir leur estomac. Il fallait survivre. »* L'année de ses 7 ans, sa mère tente sa chance à l'étranger, comme 10 % des 100 millions de Philippins. Quand le père s'absente pour gagner quelques pesos, Xyza, l'aînée, s'occupe de ses frères et sœurs.
Pour les aider *« à s'acheter du savon et des vêtements »*, elle rejoint sa mère à Hongkong, à 19 ans. Les terribles conditions de travail des domestiques la frappent : certains Philippins et Indonésiens dorment par

« Daisy économise chaque dollar pour ses trois filles. Elle vit en colocation dans le Queens. »

« Ronald lave ses vêtements après son service dans un restaurant de New York. Un peu plus tard, il m'a invitée à un barbecue avec des amis, victimes comme lui du trafic d'êtres humains. »

terre dans les toilettes, d'autres sont jetés dehors du jour au lendemain parce que *« leur tête ne revient pas à leur patron »*. *« Les travailleurs migrants n'ont aucun droit, ce sont des esclaves. »*
Xyza Cruz Bacani et sa mère ont la chance d'avoir *« une patronne formidable »* : *« Elle me considérait comme un être humain. »* En 2009, la jeune femme lui demande une avance pour s'offrir un appareil photo. La suite tient du *« miracle »* : ses instantanés sont repérés sur les réseaux sociaux. En quelques années, Xyza publie dans le *New York Times*, obtient une bourse de l'agence Magnum, est encouragée par Sebastião Salgado… Sur son profil Facebook, sa frange en bataille et ses tatouages aux épaules voyagent de Hongkong à Miami, de Manille à Macao.
Un thème l'obsède : la vie des domestiques. *« Je suis l'un d'eux. »* Elle mène un projet au long cours sur les victimes du trafic d'êtres humains dans cinq pays. *« La traite, cela ne se voit pas sur les visages des gens. Je rencontre des professeurs comme des familles pauvres à qui des agences véreuses ont*

« Cherry était professeure aux Philippines. Une agence de travail lui a promis un poste similaire aux États-Unis, mais lui a confisqué son passeport et l'a forcée à travailler comme femme de ménage pour 3 dollars de l'heure. »

promis un emploi à l'autre bout du monde… Une fois sur place, on leur confisque leur passeport. Quand je suis arrivée à New York, je me suis dit : "Quoi, sérieux, ici aussi ?" J'étais choquée par le nombre de cas. »
Elle sympathise avec Daisy, une Philippine dont le trafiquant a fini en prison. Cette mère célibataire, domestique à New York, fait faire leurs devoirs à ses trois enfants à distance, par Skype et WhatsApp. *« C'est une mère merveilleuse »*, dit Xyza. Dans son enfance, il n'existait pas ces moyens de communication qui rendent l'éloignement plus humain. Quand, à 19 ans, elle a rejoint sa propre mère partie douze ans plus tôt, elle a pensé : *« Qui est cette femme ? »*
Xyza Cruz Bacani *« déteste les interviews, surtout à la télé. »* Elle les accepte pourtant presque toutes. *« Si mes parents les voient, je sais que cela les rend fiers et heureux. »* Pour la première fois de leur vie, ils ont pu s'acheter leur propre logement aux Philippines. Sa mère est toujours bonne à Hongkong •

Léna Mauger

Retour sur...

UNE SÉPARATION

Deux fillettes siamoises nées dans une famille déshéritée du Pakistan ont été opérées en Arabie saoudite. Le reporter de guerre **Sergey Ponomarev** *a suivi l'intervention, « fasciné ».*

« Venues du Pakistan, Mishal et Fatima bénéficient d'un programme saoudien au profit d'étrangers démunis. »

« Devant l'entrée de l'hôpital Roi Abdallah, à Riyad. »

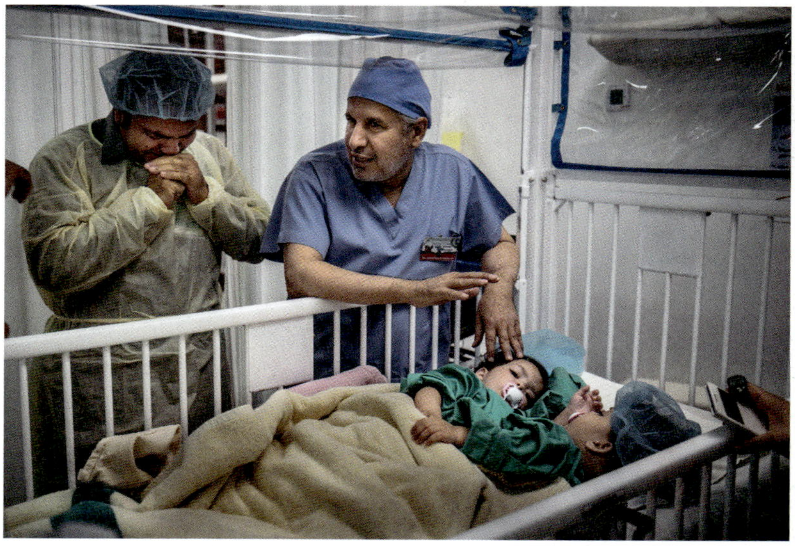

« Le Dr Rabeeah est un héros national. À 61 ans, il en est à sa 41e opération du genre. Deux fois, il a dû sacrifier un des jumeaux pour permettre à l'autre de vivre. »

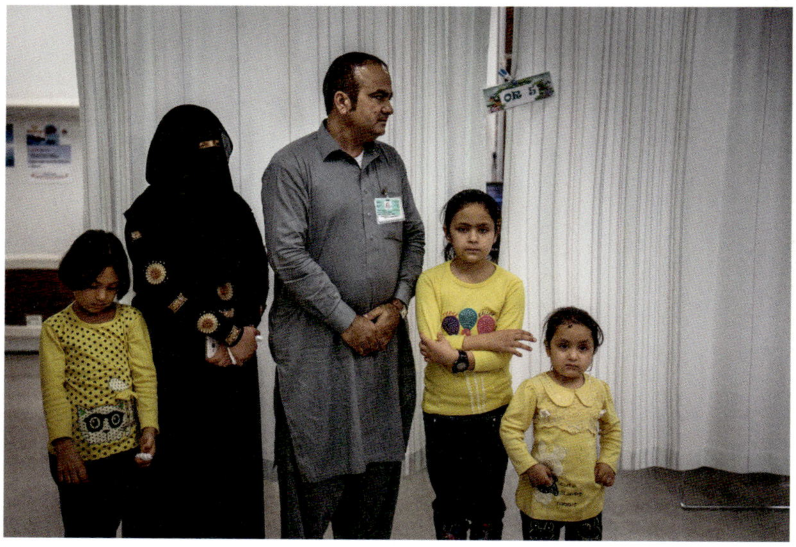

« L'attente dure sept heures pour les parents et les sœurs aînées. »

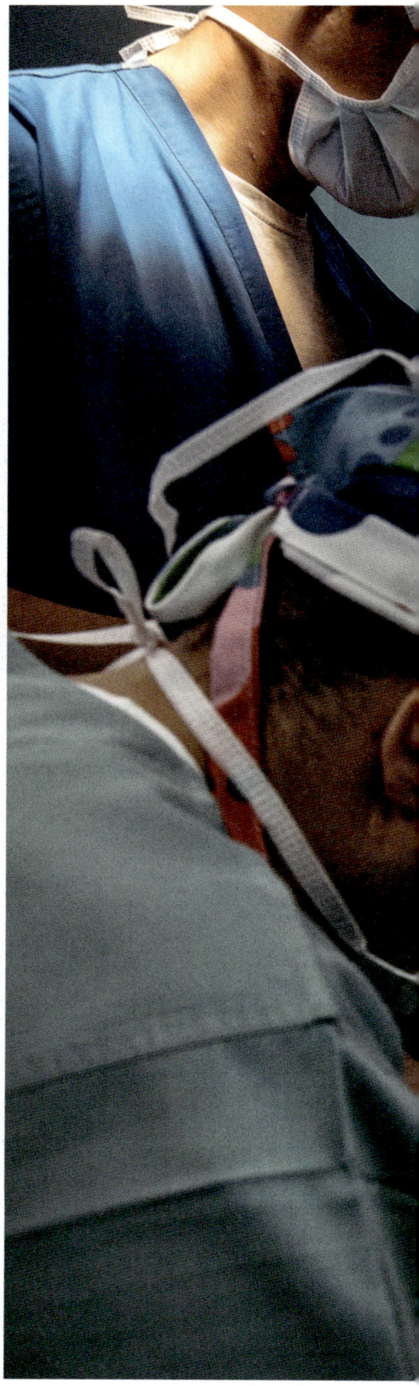

« Ce 26 mars 2016, jour de l'opération, la partie la plus délicate consiste à séparer le foie en deux. »

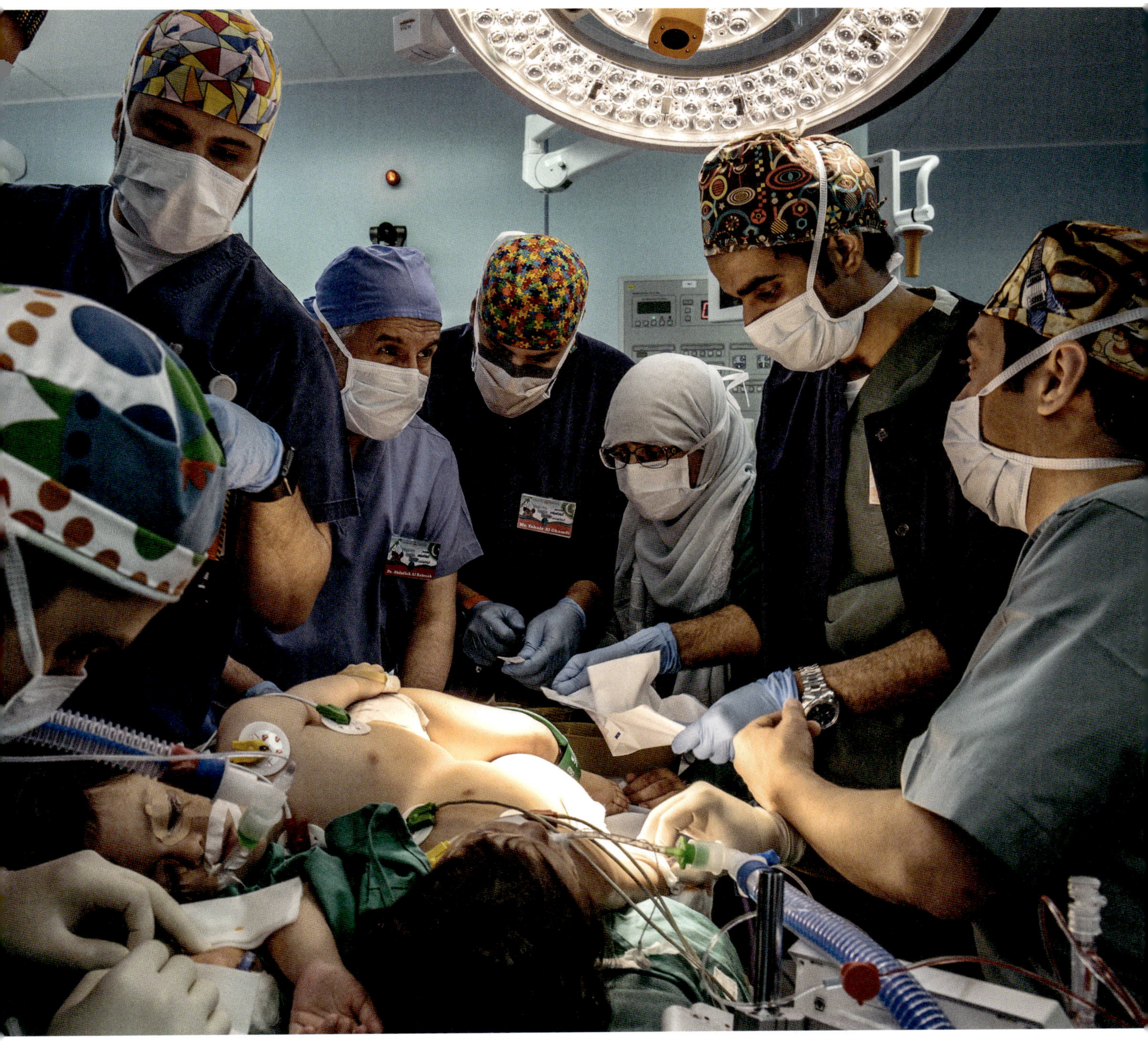

Nisar Ghani est un fermier pauvre de 45 ans qui vit dans la banlieue de Lahore, au Pakistan, avec sa femme Leena et leurs cinq filles. Les deux dernières, Mishal et Fatima, sont siamoises, collées ou plutôt « fusionnées » par le ventre à la naissance. Elles ont chacune deux jambes, deux bras, un cœur et un système digestif bien distincts mais elles partagent le même foie.
Quelques jours après leur premier anniversaire, Nisar a reçu des nouvelles d'Arabie saoudite : ses filles ont été retenues par le roi Salman pour participer à un programme d'accès à la médecine. L'opération de séparation aura lieu le 26 mars 2016, à Riyad, aux frais du royaume. Les soins, le voyage en première classe, l'hôtel, les repas, tout est pris en charge. Nisar Ghani dit avoir hésité avant d'accepter. « C'est *un homme très calme, très pieux qui, en montant dans l'avion pour Riyad, savait qu'il venait de prendre la décision la plus grave de sa vie* », raconte Sergey Ponomarev, le photographe qui a suivi la famille pendant deux semaines.
Sergey Ponomarev est reporter de guerre. L'histoire de Fatima et Mishal lui est tombée dessus parce que le ministère saoudien de

l'information a sollicité les médias et que son journal, le *New York Times*, a sauté sur l'occasion, trop heureux de mettre un pied derrière le rideau de la société civile saoudienne. « *Tout est très compliqué quand il s'agit de faire des photos,* raconte-t-il. *Les gens sont suspicieux, dans les rues c'est presque impossible de sortir un appareil, il y a toujours quelqu'un pour t'alpaguer en te criant qu'il est interdit de photographier les femmes.* » Les Saoudiens n'ont pas l'habitude des journalistes étrangers. « *Ils pensaient que je ne viendrais que pour la photo finale, une fois que les petites seraient séparées.* »

Des heures d'angoisse

L'une des principales difficultés pour le photojournaliste a été d'expliquer l'intérêt de son travail à la famille. Nisar Ghani n'avait jamais croisé de reporter. Il ne comprenait pas pourquoi Sergey Ponomarev tenait tant à saisir les yeux de sa femme posés sur leurs filles. Puis l'opération est arrivée et l'angoisse a pris toute la place. « *J'ai encore des doutes, ça me terrifie* », confie le père au journaliste qui l'accompagne à la mosquée de l'hôpital, alors que ses filles sont entre les mains du chirurgien.

Depuis 1990, Abdullah al-Rabeeah a réalisé quarante opérations de ce type pour des familles pauvres venues d'une vingtaine de pays. « *C'est tout simplement un type en or,* raconte Sergey Ponomarev. *Il a géré ses équipes comme un chef d'orchestre. Au-delà des internes et des cinq médecins, il y avait les deux photographes de l'hôpital et deux cameramen du gouvernement. Nous n'avions pas le droit de pénétrer dans la zone stérile mais le docteur nous a laissés entrer et sortir du bloc pendant les sept heures qu'a duré l'opération.* » Sergey Ponomarev a passé l'essentiel de ces dernières années sur des terrains de conflit, notamment en Syrie, et son travail sur les routes d'Europe au milieu des colonnes de réfugiés a été récompensé par le prix Pulitzer de la photo d'actualité. Pourtant, il dit qu'en 2016, c'est l'histoire de Mishal et Fatima qui l'a le plus marqué. « *Je ne saurais pas dire pourquoi j'ai été si fasciné. Voir à la fin ces deux corps endormis qui respirent chacun de son côté, c'est incroyable.* »

La famille Ghani est restée deux mois de plus à l'hôpital pour des séances de rééducation. Les filles n'avaient jamais sollicité les muscles de leurs jambes. Elles apprennent en marchant •

Mathieu Palain

« Pour la première fois, cette nuit-là, Mishal et Fatima ont dormi dans des lits séparés. »

happy
scared
jealous

BÜLENT KILIÇ / AFP

Les témoins

« J'AI EU HONTE DE L'EUROPE »

Les photographes turcs **Bülent Kiliç** *et* **Ozan Köze** *couvrent, pour l'Agence France Presse, la crise des réfugiés. Le premier voit la folie gagner les migrants bloqués à la frontière gréco-macédonienne. Le second reste pétrifié devant des corps d'enfants noyés.*

Ce 6 avril 2016, à Idomeni, en Grèce, des réfugiés protestent pour demander l'ouverture de la frontière avec la Macédoine. Ils sont près de 10 000 bloqués depuis des mois. Leur camp de fortune sera évacué fin mai.

« *Vous aussi, vous deviendriez fou* »

Par Bülent Kiliç

« Une des choses qui me frappent le plus chez tous ces réfugiés bloqués depuis des mois à la frontière gréco-macédonienne, c'est de les voir, lentement, perdre la raison.

Ces gens ont quitté des pays dévastés par la guerre. Ils ont accompli un dangereux voyage, souvent avec leurs enfants sur les épaules. Et les voici maintenant bloqués dans une mare de boue face aux portes fermées de l'Europe. Certains végètent ici, à Idomeni, depuis deux ou trois mois. Ils n'ont rien d'autre à faire qu'attendre, dans l'incertitude totale. Pourront-ils rejoindre l'Europe de l'Ouest comme l'ont fait des centaines de milliers de réfugiés avant eux ? Seront-ils reconduits de force en Turquie ? Devront-ils, au final, rentrer chez eux ?

Alors ils perdent la raison. Ce n'est pas étonnant. Vous aussi, vous deviendriez fou à leur place. Jour après jour, leur comportement change. Et même moi qui ai couvert d'innombrables situations de ce genre, qui suis ici pour faire mon travail, qui sais qu'au bout de deux semaines je retrouverai ma maison et ma famille, je me sens de plus en plus déprimé, de plus en plus agressif au fur et à mesure que le temps passe. Je ne fais pas que sentir l'ambiance. Je la sens qui pèse sur moi, de tout son poids.

La première chose qui frappe ici, c'est l'odeur. Des effluves de toilettes mêlées à de puissantes odeurs corporelles. Les gens vivent, dorment et mangent près des toilettes, au milieu de leurs excréments. Il n'y a pas assez de douches, pas assez d'endroits pour se laver les mains, pas assez d'eau. Des enfants tombent malades. J'ai déjà vu des choses pareilles dans des zones de guerre. Mais ici nous sommes en Grèce, un pays en paix dans l'Union européenne, et des gens y vivent exactement comme s'ils étaient restés au cœur de la Syrie ! Cet endroit, c'est la honte de l'Europe.

Les habitants du camp passent leur temps à faire la queue pour recevoir de quoi manger auprès des organisations non gouvernementales. Ils n'ont rien à faire ici, à part satisfaire leurs besoins primaires et attendre. Pouvez-vous imaginer ça ?

C'est parfois difficile d'être un journaliste ici, parce que les gens ont tendance à vous prendre pour une sorte de sauveur. Tous les jours, ils me posent des questions du genre : « *Quand est-ce qu'ils vont ouvrir la barrière ?* », ou encore : « *Que va-t-il nous arriver ?* » Et moi je n'en ai pas la moindre idée.

À Idomeni, je suis devenu ami avec une Kurde de Syrie dont le mari est parti le premier pour l'Allemagne. Elle essaye de le rejoindre avec leurs deux enfants. Cela fait deux mois qu'elle est bloquée à la frontière. Tous les jours elle fait la queue pour recevoir de la nourriture. Les gens se bousculent, se battent pour être servis les premiers. « *De ma vie je n'ai jamais frappé personne,* me dit-elle. *Comment pourrais-je le faire maintenant, pour de la nourriture ? Même ici, je ne peux pas, c'est impossible.* » Alors il y a des jours où elle et ses enfants ne mangent rien.

Les enfants, c'est le pire, dans cette histoire. Ce sont les images d'enfants qui vous restent à jamais gravées dans la tête une fois que vous êtes rentré chez vous, surtout si vous avez des enfants vous-même. Leurs visages reviennent vous hanter, encore et encore. Bien sûr ils ne vont pas à l'école. Et vous savez ce qui se passe quand un enfant ne va pas à l'école ? Son comportement change. Son cerveau change.

Les enfants passent leurs journées à jouer dans la boue, ou sur la voie ferrée. Ils viennent vers vous, vous poussent, vous crient dessus. Eux aussi deviennent fous. »

« Que ferais-je si ce bébé était à moi ? »

Par Ozan Köze

« Quand j'arrive sur la plage de galets, le premier cadavre que je vois est celui d'un bébé. Il doit avoir neuf ou dix mois, il est chaudement couvert et porte un bonnet. Une tétine orange est accrochée à ses habits. À côté de lui gisent un autre enfant, âgé de huit ou neuf ans, ainsi qu'une adulte, leur mère peut-être.

Sur le moment, je ne sais pas quoi faire. Je prends quelques photos. Je parcours la plage, je vois le corps d'un autre enfant sur un rocher. Par la suite je ferai des cauchemars, je serai durant des heures incapable de parler, mais à cet instant je ne ressens rien de particulier. Les gendarmes turcs sont occupés à ramasser d'autres noyés échoués sur la plage après le naufrage de la nuit précédente. Il y a tellement de cadavres... Je n'arrive pas à les compter.

Pour le moment personne ne s'occupe du bébé mort. Alors, je reviens vers lui et pendant peut-être une heure, je reste à ses côtés, en silence. J'ai deux enfants, une fille de huit ans et un petit garçon de cinq mois. Je me demande ce que je ferais si ce bébé était à moi. Je me demande ce qui est en train d'arriver à l'humanité.

Je me trouve depuis quelques jours dans la région de Çanakkale, sur la côte turque de la mer Égée, où se massent des milliers de réfugiés syriens, irakiens ou autres qui cherchent à gagner l'île grecque de Lesbos, située juste en face. La situation est très tendue ici.

Hier, je suis allé dans les bois où plusieurs dizaines de migrants s'étaient repliés après s'être fait arnaquer par des passeurs. Ces derniers leur avaient fait payer une fortune pour embarquer sur un bateau pour la Grèce, mais le moment venu l'embarcation s'était révélée beaucoup trop petite. Craignant de couler, les migrants avaient refusé de monter. Certains ont-ils pris place à bord du rafiot bondé qui, dans la nuit du 29 au 30 janvier, a sombré par temps calme à quelques centaines de mètres de la côte ? Sans doute.

Je me suis réveillé en sursaut vers sept heures en entendant de nombreuses sirènes d'ambulances. Mon hôtel est situé juste à côté de la base des garde-côtes. Au moment où j'y arrive, une navette vient d'accoster. Des corps enveloppés dans des housses en plastique sont en train d'être débarqués. J'en compte une dizaine. Il y a de nombreux rescapés aussi, dont beaucoup de femmes et d'enfants. Je m'approche. Ils viennent de Syrie, d'Irak, d'Afghanistan, mais aussi de Birmanie et du Bangladesh. Ils sont en état de choc. Ils me racontent qu'il faisait beau, que la mer était calme, mais qu'ils étaient beaucoup trop nombreux sur le bateau. C'était une petite embarcation conçue pour promener les touristes, et dont la capacité est de vingt ou trente passagers au grand maximum. Quand elle a sombré, plus de cent migrants s'entassaient à bord. Chacun avait payé 1 200 euros aux passeurs.

Le drame s'est produit à moins d'un kilomètre de la côte, près du village de Bademli. Quand j'arrive sur place, je vois l'épave à moitié engloutie. La plage de galets est jonchée de gilets de sauvetage, d'effets personnels et de cadavres rejetés par les vagues glacées de la mer Égée.

Au cours de ma carrière de photojournaliste, j'ai couvert des crises, des émeutes, des attentats. J'ai déjà vu des morts. Mais ça, c'est pire que tout. En regardant le petit corps du bébé, je me demande pourquoi tout cela. Pourquoi cette guerre interminable en Syrie. Je suis fou de rage contre tous ces politiciens qui ont causé cette tragédie, contre les passeurs qui envoient tant de gens à la mort.

Puis un gendarme arrive, soulève l'enfant et le dépose dans un sac en plastique. Lui aussi il pleure. » •

Ces deux témoignages ont été publiés sur le site Making-of de l'AFP, qui raconte les coulisses de l'information.

OZAN KÖZE / AFP

Sur la côte turque de la mer Égée, 33 migrants, dont cet enfant, sont morts noyés dans la nuit du 29 au 30 janvier 2016 en tentant de gagner l'île grecque de Lesbos. Leur embarcation surchargée a chaviré quelques minutes après avoir quitté la plage.

Recrutement d'officiers de police, Milan
10 000 candidats, 14 postes

Photomaton

LE LOTO DE L'EMPLOI

En Italie, les places dans la fonction publique valent de l'or. **Michele Borzoni** *observe les concours qui voient s'affronter des milliers de candidats.*

Recrutement d'assistants maternels, Florence
2174 candidats, 9 postes

D'habitude, ceux qui remplissent le Mediolanum Forum de Milan s'appellent Sting, Madonna ou Beyoncé. Une fois n'est pas coutume, en avril 2014, la police a fait salle comble. Elle recrutait quatorze agents. Dix mille candidats se sont présentés. Populaires de longue date en Italie, les concours de la fonction publique ont pris une tout autre dimension depuis que le pays a plongé dans la crise. Pour contenir tous les candidats, l'administration doit innover. À Florence, elle recrute des assistants maternels dans le plus grand théâtre de la ville. En Émilie-Romagne, on planche dans des stades ; à Rome dans des hôtels quatre étoiles. Moins baroque, les militaires tiennent séance dans des hangars. À la clef, à chaque fois, un salaire modeste pour un boulot ordinaire, mais un boulot de fonctionnaire. Dans un pays où le taux de chômage des 15-24 ans culminait à 44,5 % en juin 2015, le rêve tient en trois mots : emploi à vie.

Génération précaire

« J'appartiens à une génération pour qui la précarité est l'horizon naturel. Pour nous, la sécurité de l'emploi est un concept exotique », raconte Michele Borzoni. Né à Florence où il réside toujours, le photographe est un habitué du Moyen-Orient. En 2014 pourtant, à force de voir la plupart de ses amis tenter leur chance dans le public, il décide d'explorer le marché du travail italien. *« Ces concours donnent une idée de la masse de gens qui cherchent du boulot. Ils sont tellement nombreux qu'on doit transformer des lieux de loisirs en Pôle emploi. »* « Tombé » à 36,9 % en avril 2016, le taux de chômage des jeunes Italiens reste le plus élevé de la zone euro derrière ceux de la Grèce et de l'Espagne •
M.B.

Recrutement de responsables administratifs au service des eaux, Florence
534 candidats, 4 postes

Recrutement d'officiers de l'armée de l'air, Guidonia Montecelio
3387 candidats, 84 postes

Recrutement d'un infirmier, Crémone
1 099 candidats, 1 poste

Recrutement de sous-officiers, Foligno
7 672 candidats, 860 postes

Les lumières de Düsseldorf, **Allemagne**

MAX SLOBODDA

GERT VERBELEN

Instantanés

Poker menteur, **Allemagne**

DANIEL OCHOA DE OLZA / AP / SIPA

Coup de foudre à la Gay Pride, **Espagne**

Danse des Highlands, **Écosse**

ELENA CHERNYSHOVA

LAURIE DIEFFEMBACQ / AFP

Sieste avant le décollage, **Belgique**

Vote en laverie, **Angleterre**

ADRIAN DENNIS / AFP

KATYA REZVAYA

Club des éleveurs de lapins domestiques, **États-Unis**

ISABELLE SERRO

Les foins d'André, 68 ans, **France**

ODED BALILTY / AP/ SIPA

Clinique vétérinaire, **Israël**

Course au fromage, **Angleterre**

JOE GIDDENS / AP / SIPA

MATT STUART / MAGNUM PHOTOS

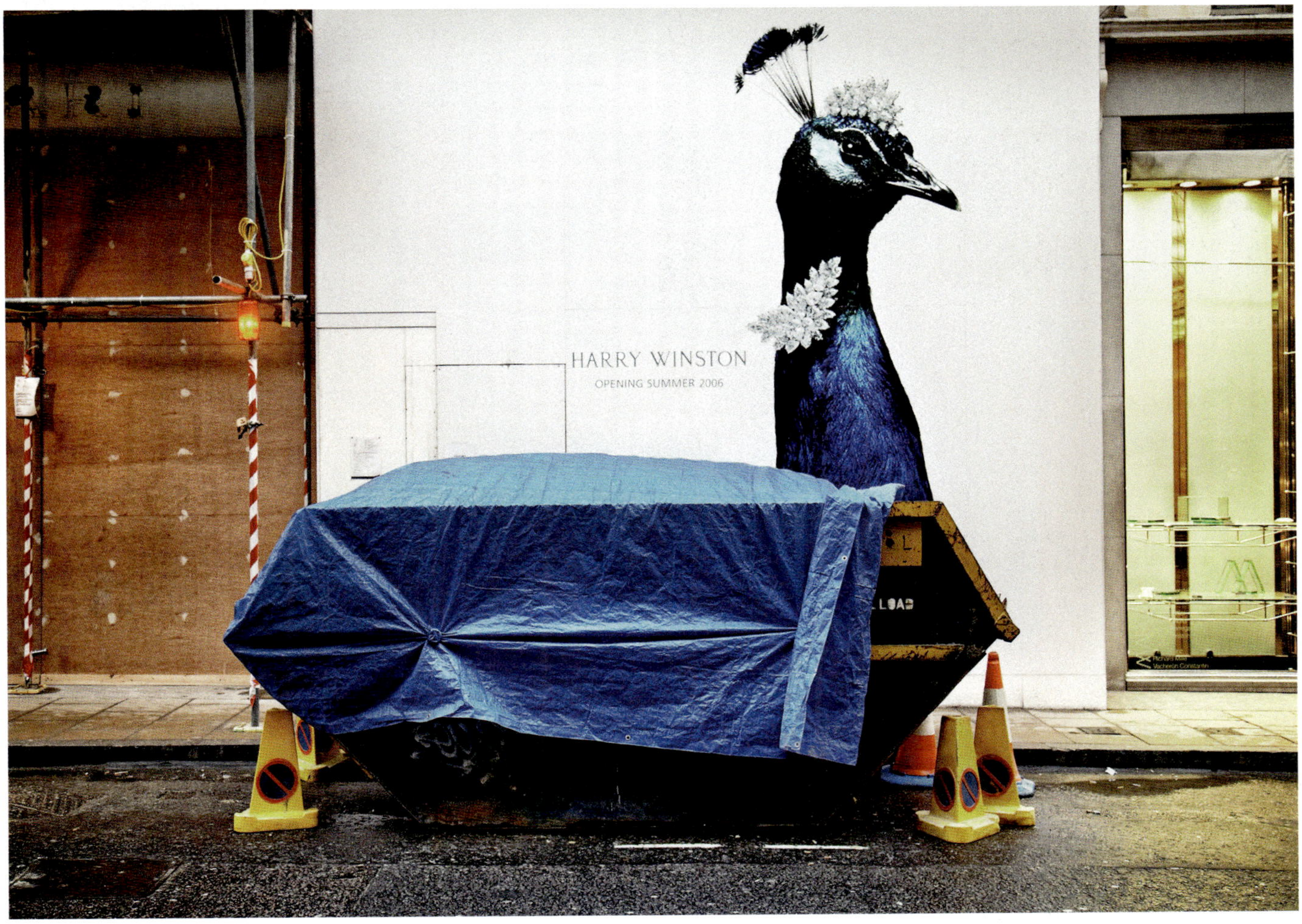

La benne et la bête, **Angleterre**

Triptyque

IRAN
LES VENTS CONTRAIRES

40
La vie très privée des mollahs
La République islamique repose sur le clergé chiite. Ses membres sont détestés. Les photos prises par leur entourage et diffusées sur Instagram en donnent une image inédite.

60
La prison des filles
À « Belle Ville », dans la banlieue de Téhéran, des adolescentes sont incarcérées. Certaines attendent leur exécution. **Sadegh Souri** *les a écoutées et photographiées.*

92
Les sœurs d'Ispahan
Issues d'une famille aisée de la troisième ville d'Iran, Camelia, Romina et Nadia entrent dans l'âge adulte. Depuis trois ans, **Isabelle Eshraghi** *observe leurs métamorphoses.*

SYNTHÈSE

AU PAYS DES LIBERTÉS FURTIVES

En 2014, une Iranienne a posté une photo d'elle tête nue. Des milliers de femmes ont imité son geste en se photographiant cheveux au vent au bord d'un lac ou d'une rivière et ont affiché leur acte de rébellion sur *« My Stealthy Freedom »* (« Ma liberté furtive »). Dans son prêche du vendredi, un des responsables du clergé d'Ispahan, la troisième ville du pays, vient de critiquer cette page Facebook suivie par un million de personnes : en se prenant en photo *« comme si elles étaient en Europe »*, devant un cours d'eau, ces femmes contribueraient à les assécher !

La logique du pouvoir théocratique en place depuis la révolution islamique de 1979 n'est pas celle de la société iranienne. L'un édicte les interdits, l'autre les contourne. D'un côté, des gérontes qui utilisent la force, de l'autre des jeunes et des femmes qui pratiquent l'esquive.

Côté pile, hommes et femmes ne sont pas égaux devant la loi. Devant un tribunal, il faut le témoignage de deux femmes pour égaler celui d'un homme. Une femme ne peut pas voyager à l'étranger sans l'autorisation de son mari. Une fillette peut-être mariée dès l'âge de 13 ans. Et les règles ne sont pas près de changer : cette année, l'Assemblée des experts, l'organe-clé du régime chargé de désigner le Guide suprême, a élu à sa tête un ayatollah de 89 ans.

Côté face, l'âge moyen du mariage chez les filles est de 23 ans. Le taux de fécondité est tombé à 1,8 enfant par femme, contre 7 au moment de la révolution islamique. Le pays occupe le quatrième rang mondial pour les opérations de chirurgie esthétique du nez, le septième en ce qui concerne la consommation de cosmétiques. Où est née la première femme à avoir obtenu la médaille Fields, l'équivalent du prix Nobel pour les mathématiques ? À Téhéran. En Iran, les filles diplômées de l'université sont plus nombreuses que les garçons.

Plus de la moitié des Iraniens ont moins de 30 ans et n'ont jamais connu que les interdits de la République islamique. Pas d'alcool, pas de boîtes de nuit, pas de relations sexuelles avant le mariage, pas d'homosexualité sauf à risquer la peine de mort.

Et pourtant. La culture underground, véhicule des interdits, n'est plus l'apanage de la jeunesse branchée de la capitale. L'historien américano-iranien Abbas Milani

raconte dans *Le Point* être tombé des nues lorsqu'il a lu dans les médias iraniens que la ville de Mashhad, l'une des plus conservatrices du pays, est devenue un bastion de la musique rap. Que, dans un village éloigné de la province d'Azerbaïdjan, 80 filles et garçons avaient été arrêtés parce qu'ils dansaient et buvaient de l'alcool dans une soirée.

Officiellement, les paraboles satellites et la plupart des réseaux sociaux sont interdits. En réalité, toutes les familles regardent les chaînes de télévision de la diaspora iranienne aux États-Unis et 20 millions d'Iraniens, plus du quart de la population, utilisent la messagerie en ligne Telegram. Des informaticiens astucieux ont su mettre au point des logiciels capables de contrecarrer la censure. Le blocage des sites Internet est aujourd'hui contourné jusqu'au plus haut niveau. Facebook est interdit mais plusieurs membres du gouvernement, dont le ministre des affaires étrangères, ont leur compte.

La plateforme de partage de photos Instagram reste autorisée. Mais sous surveillance. En mai, huit Iraniens du milieu de la mode ont été arrêtés parce qu'ils propageaient *« un contenu immoral et une culture anti-islamique »* : ils avaient publié des images de femmes non voilées. Un réalisateur de documentaires, lui, met en avant sur la plateforme des photos de mollahs pris sur le vif. Le récit photographique sur *« la vie très privée des mollahs »* est constitué de morceaux choisis de ce fil nourri par des photographes iraniens, mais aussi par des mollahs eux-mêmes ou par leur entourage – leur femme, leurs amis…

La prison de Belle Ville est un lieu impénétrable : certaines jeunes filles incarcérées sont condamnées à mort. Et pourtant, le photographe **Sadegh Souri** a pu y passer un mois. Son reportage, *« La prison des filles »*, illustre la dureté du régime : l'Iran est le pays qui prononce le plus de peines de mort à l'encontre d'adolescents.

Le récit *« Les sœurs d'Ispahan »* plonge dans l'intimité d'une famille de cette ville. **Isabelle Eshraghi** a suivi pendant trois ans le quotidien d'une fratrie où les filles travaillent ou étudient, dansent, fêtent Halloween et se passionnent pour la culture sud-coréenne. Des filles d'aujourd'hui, ouvertes sur le monde. Mais quand l'aînée s'apprête à convoler, c'est le fruit d'un mariage arrangé. Paradoxe iranien •

Marie-Pierre Subtil

MAHDI MARIZAD

Triptyque

LA VIE TRÈS PRIVÉE DES MOLLAHS

Piliers de la République islamique, les membres du clergé chiite sont parfois détestés, souvent moqués. Les photos prises par leur entourage et publiées sur Instagram révolutionnent l'image de ces religieux.

HONDA

AHMAD NAJMI

« Mes trois fils adorés et moi à Qom, une des villes saintes du chiisme, pour le 34ᵉ anniversaire de la Révolution islamique. »

SINA SHIRI

Pendant le ramadan, Ahad Mohammadi, 34 ans, se rend dans un village du nord de l'Iran.

SAMIRA SHARIATMADARI

Visite au Musée national, à Téhéran.

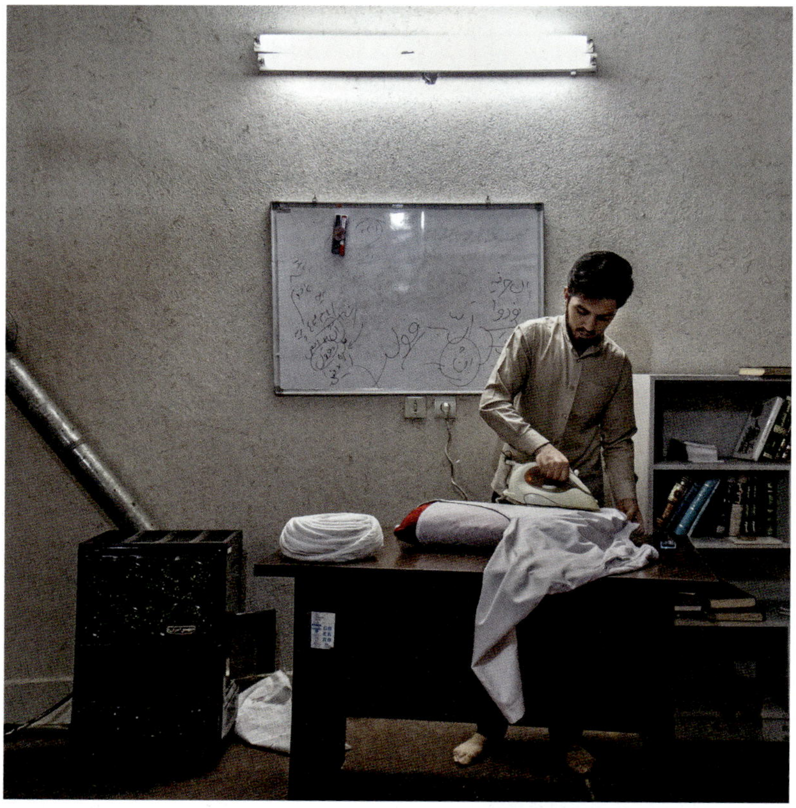

HOSSEIN RAZAQNEJAD

Un étudiant en religion se prépare à la cérémonie du turban qui fera de lui un mollah. Le tissu sera noir pour les descendants du Prophète, blanc pour les autres.

MAHDI MARIZAD

Dans une salle de jeux de la ville sainte de Qom, à 150 kilomètres au sud de Téhéran.

MAHDI MARIZAD

Mohamad Ghazanfar Pour, 33 ans, fait une sieste après une journée de prêche harassante.

ABOLFAZL SALMANZADEH

Un mollah escorte des jeunes mariés jusque chez eux. Il vient de célébrer leur « nikah », un montage juridique qui permet aux couples de s'unir par les liens du mariage religieux sans que l'époux ne prenne d'engagement financier vis-à-vis de son épouse.

AMIR SHAFIEI

Un mollah prépare sa mosquée en vue des jours de jeûne et de piété qui marqueront mouharram, le premier mois du calendrier musulman.

SADEGH ZABBAH

Discours du ministre de la Justice, le religieux Mostafa Pour-Mohammadi. L'ONG Human Rights Watch l'a mis en cause en 2005 pour ses multiples violations des droits de l'homme, dont des crimes contre l'humanité.

ASLON ARFA

Abolfazl Arabpour, tailleur à Qom, habille depuis plus de cinquante ans la fine fleur du clergé chiite.

MAHDI MARIZAD

Ali Akbari, 31 ans, s'est installé il y a trois ans dans un village du sud de l'Iran à majorité sunnite. Missionnaire, il vient prêcher le chiisme.

Pause déjeuner dans une université islamique. La bière est sans alcool.

« Je suis mollah. Ce jour-là, je participais à une conférence pour la promotion du hijab pour les filles. »

ABBAS SYDNZHAD

Moslem Esmaeil Nia, 32 ans, enseigne le Coran à des jeunes filles de Shaft, dans le sud du pays.

MAHDI MARIZAD

ABOLFAZL SALMANZADEH

Sur les hauteurs. L'Iran est l'un des pays les plus montagneux du monde, avec des sommets jusqu'à 5600 mètres d'altitude.

ALIREZA ASKARI

Dans un supermarché de la ville sainte de Qom.

MAHDI MARIZAD

ABOLFAZL SALMANZADEH

Ali, 35 ans, est conseiller en éducation à l'université islamique Azad. Ce système éducatif privé, créé en 1982, compte plus d'1,5 million d'étudiants.

MAHDI MARIZAD

Moslem Esmaeil Nia sur une plage de Shaft, sur le golfe persique. Ici la majorité des habitants sont sunnites. Moslem les initie au chiisme.

MOJTABA HEYDARI

À 28 ans, Sayed Hadi Alavi est un militant de «l'économie de la résistance». Ce concept du guide suprême, l'ayatollah Ali Khamenei, tend à lutter à la fois contre le chômage et «l'ennemi étranger». Le mollah propose des activités culturelles aux adolescents.

AHMAD ZOHRABI

Un étudiant en religion burundais en visite à l'université Imam Khomeiny de Qazvin, au nord-ouest de Téhéran.

MAHDI MARIZAD

Abozar Ghaffary Rad, 24 ans, voyage dans les villages pour répondre aux questions des habitants sur la religion.

SADEGH ZABBAH

Dans un magasin de jouets.

Ahmad Mohammadi, 43 ans, vient de Qom pour prêcher le chiisme dans une province kurde de l'Iran. Il cible surtout les jeunes.

Morteza devant son miroir. À l'internat, il partage sa chambre avec trois autres étudiants en religion. Il la quittera quand il se mariera.

REZA MILANI

Des amis pendant la visite privée d'un zoo à Mashhad, dans l'est de l'Iran.

SALEH JAVAHERI

MAHDI MARIZAD

TURBAN ET BLOUSON DE CUIR

Dans « Je vous écris de Téhéran », la journaliste Delphine Minoui raconte ses années en Iran et son amitié avec un mollah. Mehdi a 26 ans et les rêves de sa jeunesse. Un jour, au prétexte d'une question sur la place des femmes dans l'islam, il propose de passer chez elle.

J'ai dit oui, n'y voyant qu'un signe de pure politesse. Avant de le recevoir, je m'étais appliquée à couvrir mes cheveux d'un fichu, par signe de respect envers l'institution cléricale. À son arrivée, lui était méconnaissable. Mis à part sa fine barbe brune, tout en lui avait changé. Ses savates, sa soutane. Sur le perron de la maison, il était là, droit comme un i, serré dans un blue-jean assorti d'un blouson de cuir.

– C'est pour ne pas vous faire honte devant vos voisins, a-t-il avancé, en faisant la moue.

Et il m'a tendu la main ! Selon les codes de conduite en vigueur, il eût été déplacé de la lui serrer. Même s'il avait troqué son habit clérical contre une tenue passe-partout ! Déconcertée, j'ai discrètement tendu la mienne pour lui indiquer le salon.

– La question des femmes, et surtout des rapports entre hommes et femmes, c'est un thème qui me tient à cœur ! a-t-il enchaîné, en prenant place sur le petit canapé.

Il était pressé de parler. Ce sujet, disait-il, était d'une importance capitale. Il voulait d'ailleurs en prendre pour exemple sa famille : marié à une femme plus âgée que lui, *« comme Khadidja, la première épouse du Prophète »*, il était également l'heureux père de deux fillettes. [...] Il fallait voir avec quelle passion il se consacrait au sujet. Pour lui, la femme était une *« fleur délicate »* à respecter, un être à protéger. La discussion a ensuite irrémédiablement bifurqué sur le port du voile. De son point de vue, que je partageais, les Iraniennes devaient pouvoir choisir de s'en affranchir. D'ailleurs, il m'avoua sa surprise de me voir le porter chez moi.

– Même si cela vous va si bien, a-t-il ajouté.

C'est là que ses yeux ont parcouru mon visage dans le moindre détail. Assis à côté de moi, il a posé sa main sur l'accoudoir de mon fauteuil. Préférant lui donner le bénéfice du doute, je me suis dégagée pour lui servir une tasse de thé. Il a rougi. Ses mains tremblotaient légèrement.

Il y eut un silence. Pour le combler, j'ai relancé la conversation sur la possibilité ou non pour une femme de briguer la présidence, en sondant son point de vue.

– Vous n'êtes pas mariée ? a-t-il demandé.

Je ne voyais pas ce que ma vie privée avait à voir avec la question.

– Vous... Vous n'êtes pas mariée ? répéta-t-il.

– Non...

– Et vous n'avez pas l'intention de vous marier ?

– Un jour peut-être... Mais j'ai encore le temps.

Il marqua une pause, observant mon visage, mon regard, mes mains.

– Avez-vous déjà pensé à faire un *sighé ?* reprit-il.

– Un quoi ?

– Un *sighé*... Vous savez, ce mariage temporaire vous permettant d'avoir des rapports sexuels pour une durée déterminée. Dix minutes, un jour, trois mois... Ou quatre-vingt-dix-neuf ans... Une relation à la carte, si vous préférez...

J'étais médusée. Je ne savais pas comment réagir. Il a poursuivi :
– Du temps du Prophète, c'était chose courante chez les voyageurs et les pèlerins. Surtout lorsqu'ils restaient trop longtemps loin de leur famille. Ils prenaient alors une seconde épouse pour un temps limité. Une façon… d'assouvir leurs besoins.
À écouter sa description, je n'y vis rien de plus qu'une forme de prostitution ou d'adultère. Décidément, j'avais encore beaucoup à apprendre sur le chiisme…
– Mais je croyais que tout le principe de la religion, c'était de protéger le foyer… N'est-ce pas… hypocrite tout cela ?
– Non, pas du tout ! C'est aussi dans l'intérêt des femmes en manque d'affection. Car officiellement, seules les veuves et les divorcées peuvent contracter un *sighé*…
Il s'est de nouveau interrompu, a hésité un instant. Puis il a repris :
– Enfin, c'est la règle générale… Après, il peut toujours y avoir des exceptions.
– Que voulez-vous dire ?
– Je vais vous livrer une confidence : disons que ça peut être une sorte de pacte secret entre deux personnes. Pas la peine d'informer leurs familles…
Un « pacte secret » ! En prononçant ces mots, Mehdi avait levé la tête dans ma direction, en me regardant droit dans les yeux. J'ai baissé la mienne. Je voyais maintenant parfaitement où il voulait en venir. Je m'en voulais de lui avoir ouvert ma porte, d'avoir une fois de plus péché par naïveté. Comment aurais-je pu deviner qu'à 26 ans, un mollah marié allait me demander… en « mariage » ? Je sentais son regard m'écraser. Je suis restée muette, fixant la table basse, puis mes pieds, puis ma montre. J'étais à court d'idée pour faire diversion. Alors, je me suis levée. J'ai ajusté mon foulard, strictement plaqué contre mes tempes. D'un ton sec, je lui ai juste dit qu'il devait partir. […]
Quelques jours plus tard, le téléphone sonna à une heure du matin.
– Allô ? ai-je fait d'une voix endormie.
– C'est Mehdi.
Mehdi ! Je n'en revenais pas de son culot.
– Je ne vous réveille pas ?
– Si, ai-je sèchement répondu.
– Je fais une marche en montagne ce vendredi. Ça vous dit de m'accompagner ? […]
– Non, non, vraiment, non merci, j'ai rétorqué, en repensant à son histoire de « pacte secret ».
Un silence a traversé le combiné. Cette fois-ci, c'était lui qui se taisait. La voix crispée, il a fini par répondre :
– Je croyais que vous étiez différente des autres… Je croyais que vous n'aviez pas de préjugés sur les mollahs… Je croyais que vous étiez venue en Iran pour mieux comprendre ses nuances. Mais, dans le fond, si vous ne voulez pas me voir, c'est parce que je suis un religieux !
– Non, pas du tout, ce n'est pas ce que je voulais dire… Il avait déjà raccroché •

Extrait de « Je vous écris de Téhéran », de Delphine Minoui © Éditions du Seuil, 2015 ; « Points Documents », 2016.

« La question des femmes, et surtout des rapports entre hommes et femmes, c'est un thème qui me tient à cœur ! »

POUR EN SAVOIR PLUS

Les mots du clergé

Mollah

Le terme désigne les membres du clergé chiite. Il est légèrement péjoratif : un mollah est un religieux de rang inférieur, l'équivalent du curé du village. On préfère parler de clerc, *akhound*. Les mollahs ont une épouse, une famille et une activité professionnelle. Ceux qui portent un turban noir descendent du Prophète, les autres arborent la couleur blanche.

Ayatollah

C'est le rang le plus élevé du clergé chiite, surtout s'il s'agit d'un ayatollah *marja*, c'est-à-dire « source d'imitation », dont les fidèles peuvent suivre les préceptes. Il y a près d'un millier d'ayatollahs en Iran, mais seulement une dizaine de *marja*.

Imam

Les Iraniens vénèrent douze imams de la lignée du Prophète. Les plus importants sont Ali, le cousin et le gendre de Mahomet ; son fils Hossein, qui symbolise les souffrances des chiites ; Reza, le huitième imam, le seul à être enterré en Iran ; et Mahdi, l'imam caché dont les chiites attendent le retour. Lors de la révolution islamique de 1979, la vénération pour Rouhollah Khomeiny était telle que les Iraniens se sont mis à l'appeler « imam ».

Le pays des chiites

Les chiites sont considérés par les sunnites, majoritaires dans l'Islam, comme une secte hérétique. Ils représentent 90 % de la population iranienne et sont aussi majoritaires en Irak (64 %), en Azerbaïdjan (85 %) et au Bahreïn (75 %).
Ils se sont séparés des sunnites sur la question de la descendance de Mahomet : eux estiment que le Prophète a désigné son gendre Ali comme son successeur, alors que les sunnites reconnaissent la dynastie des califes.
Le clergé chiite est très hiérarchisé. Lorsqu'un jeune homme débute sa formation religieuse, il est *talabeh*, étudiant. Il apprend l'arabe coranique, la jurisprudence islamique, la dialectique, l'exégèse, la littérature arabe et la philosophie. Il peut grimper les échelons jusqu'à devenir *ayatul'lah*, signe de Dieu. Il peut alors interpréter la *charia*, la loi coranique, pour des situations de la vie quotidienne, et enseigner la religion à un cercle de fidèles toujours plus grand.
Le paradoxe, c'est que dans cette pyramide très hiérarchisée, il n'y a pas de chef. Les chiites attendent le retour de l'imam Mahdi, disparu il y a onze siècles, retour qui mettra fin définitivement à l'injustice. En Iran, Rouhollah Khomeiny s'était attribué le titre de Guide suprême, dont a hérité son successeur Ali Khamenei.

La jurisprudence Khomeiny

AFP

Le 1er janvier 1979, à Téhéran, les manifestants opposés au Shah d'Iran soutiennent l'ayatollah Khomeiny, exilé en France.

L'ayatollah Khomeiny est devenu *marja*, « source d'imitation », en 1963, à l'âge de 61 ans. Dans son livre *Marche sur mes yeux* (Grasset, 2010), le journaliste Serge Michel compile, *« parmi les sujets les plus triviaux »*, quelques éléments de sa jurisprudence, tirés d'un livre dont l'éditeur présente Khomeiny comme *« le Vaillant Combattant, le Chef suprême, le Guide sublime, le Moïse de notre époque, le Briseur d'idoles, l'Exterminateur de tyrans, le Libérateur de l'humanité, Sa Sainteté l'ayatollah suprême Imam Rouhollah Khomeiny – Que nos âmes lui soient soumises. »*

De la pureté et de l'impureté
Article 1 : Onze choses sont impures : l'urine, l'excrément, le sperme, les ossements, le sang, le chien, le porc, l'homme et la femme non musulmans, le vin, la bière, la sueur du chameau mangeur d'ordures.

De la femme et de ses règles
Article 5 : Les femmes de la lignée du Prophète de l'islam sont ménopausées à l'âge de 60 ans. Les autres, à 50 ans.

Du mariage, de l'adultère et des rapports conjugaux
Article 12 : Il est défendu d'épouser sa mère, sa sœur ou sa belle-mère.
Article 19 : L'homme qui a commis l'adultère avec sa tante ne doit pas épouser ses filles, c'est-à-dire ses cousines germaines.
Article 27 : Si l'homme sodomise le fils, le frère ou le père de sa femme après son mariage, ce mariage reste valide.

Du divorce
Article 4 : L'homme qui a eu des relations sexuelles avec sa femme après ses dernières règles doit attendre pour divorcer qu'elle les ait à nouveau. Mais il lui est permis de divorcer si sa femme n'a pas 9 ans, ou si elle est enceinte, ou ménopausée.

La théocratie contre la religion

Pour Farhad Khosrokhavar, franco-iranien et directeur d'études à l'École des hautes études en sciences sociales (EHESS), les mollahs, piliers du régime, sont « détestés ».

6Mois Pourquoi les Iraniens font-ils tant de blagues sur les mollahs ?
Parce que les mollahs prétendent gouverner selon les vertus religieuses et se comportent en fait comme des malfrats ! Ce sont les piliers du régime mais ils ont échoué à créer le paradis sur terre comme ils l'avaient promis. Ils sont détestés par une grande partie de la population, de la classe moyenne comme de la classe populaire. Alors des blagues, c'est un moindre mal. J'en entends plusieurs fois par jour : il y a celles qui visent leurs travers sexuels, leur côté prévaricateur. Celles qui leur reprochent leur volonté de s'enrichir. Celles qui soulignent leur hypocrisie… C'est infini.

Comment expliquer qu'on ait pu leur confier le pouvoir après la révolution islamique ?
Attention, ce n'est pas le clergé qui a été porté au pouvoir en 1979, c'est l'Ayatollah Khomeiny, et tous les espoirs qu'il représentait ! Il a imposé le clergé comme son adjuvant, c'est vrai. Il a créé des postes pour les religieux dans les universités, la justice, les administrations d'État… Avec cette dimension clientéliste, le pouvoir théocratique tient les clercs sous sa coupe. Mais certains sont en rupture. Aujourd'hui en Iran, on peut soutenir la République islamique en étant religieux ou laïc. Et on peut rejeter le régime en étant religieux ou laïc. La théocratie n'a plus rien à voir avec la religion.

La société est de plus en plus sécularisée ?
C'est l'un des pays du Moyen-Orient où la pratique religieuse est la plus faible, oui. Les nouvelles générations ne partagent absolument pas le credo islamiste. Le fossé est béant mais pourtant, les jeunes ne sont pas prêts à renverser le régime. Parce qu'ils ont peur du chaos, qu'ils savent très bien que l'îlot de stabilité iranien pèse de peu de chose par rapport aux tourments de la région. Parce qu'ils gardent en mémoire la violence de la révolution de 1979 et ne veulent pas rejouer la même partie. Et parce qu'ils vivent ce que j'appelle « le divorce à l'iranienne ». Ils sont complètement différents chez eux et dans l'espace public. Ils vivent cachés. Il y a une transgression individuelle, mais pas de contestation collective.

À VOIR

Iraniens
documentaire de Mehran Tamadon (2014)
Athée, le réalisateur a convaincu quatre mollahs de venir habiter avec lui pendant deux jours. De ce huis clos émerge une question : comment vivre ensemble lorsque la vision du monde des uns et des autres est si opposée ?

Le Lézard
film de Kamal Tabrizi (2004)
L'histoire d'un petit délinquant qui, à la faveur d'un malentendu, se fait passer pour un mollah acclamé au village. Aussi drôle que critique envers la « mollahcratie », le film connut un succès fulgurant en Iran, avant d'être interdit un mois après sa sortie.

DANS LES COULISSES

Traîner sur Instagram peut être une invitation au voyage. Pour découvrir l'Iran, il faut savoir sauter d'un compte à un autre, oublier le temps qui passe, dérouler le fil, avide, curieux, fasciné par les multiples facettes d'un pays souvent cantonné à ses femmes en tchador ou, au contraire, aux minettes à peine voilées du nord de Téhéran. Il y a par exemple le compte @Everyday Iran, avec ses instantanés de vie quotidienne. Ou @Talabe Today, ce compte qui a fait notre miel avec ses photos de mollahs prises sur le vif. Fondé par Masoud Zareian, un réalisateur de documentaires basé à Mashhad, dans l'est du pays, il met en avant tout un tas d'images publiées ailleurs, sur les comptes personnels de photographes iraniens, mais aussi de mollahs ou de femmes de mollahs. Pour les publier, il a fallu plonger à la source, retrouver l'auteur de chaque image, communiquer dans un anglais parfois balbutiant, et récupérer des bribes d'histoires. L'un nous a offert une photographie pour le Nouvel An perse, un autre nous a invitée à Qom, une des villes saintes du chiisme, un autre encore a demandé : *« C'est quoi, un mollah ? »* En Iran, le terme est péjoratif. Il a fallu reformuler. *« Certains les respectent, d'autres les insultent en public,* a rappelé un photographe, Hossein Razaqnejad. *En fait, les mollahs sont aussi intrigants pour nous que pour vous. »*

Triptyque

LA PRISON DES FILLES

Au centre de détention de Shahr-e ziba, « Belle Ville » en farsi, **Sadegh Souri** *saisit des vies en suspens. Certaines adolescentes seront exécutées à 18 ans.*

55
45

« Les filles peuvent être condamnées à mort dès l'âge de 9 ans, les garçons à partir de 15 ans. Ils seront exécutés à 18 ans. »

« Les criminelles et les chipeuses de portables se côtoient dans la prison de Shahr-e ziba, dans le nord-ouest de Téhéran. La prison est propre, les filles ont organisé des tours de nettoyage. Elles peuvent prendre l'air dans la cour une heure le matin, une heure le soir. Sur une trentaine de détenues, sept ont été condamnées à mort pour assassinat. »

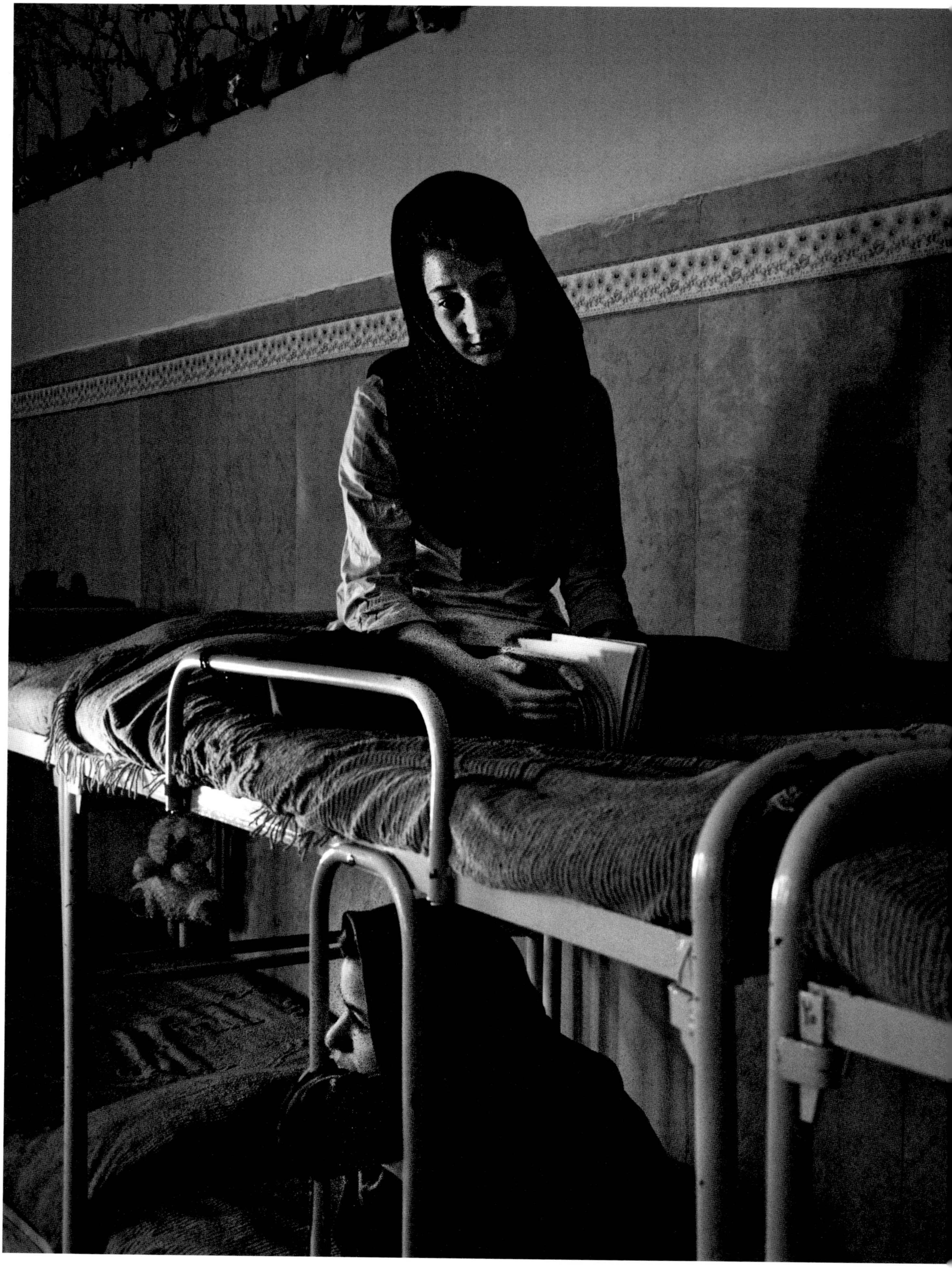

NAZANIN

16 ans

« Tout le monde la surnomme "651" parce qu'on l'a arrêtée avec 651 grammes de cocaïne. Elle est incarcérée depuis six mois. Le jugement n'a pas encore été prononcé mais elle risque la peine de mort. »

MAHSA
17 ans

« Sur les conseils de sa mère, elle a tué son père qui refusait qu'elle fréquente son petit ami. Ses frères ne veulent pas pardonner et demandent la peine de mort. "J'aurais aimé n'avoir jamais rencontré ce garçon", me dit-elle. »

SOWGAND
16 ans

« La police a trouvé 250 kilos d'opium et 30 grammes de cocaïne chez elle. Sowgand était seule à la maison, c'est elle qui a été arrêtée et, pour protéger son père, elle n'a jamais dit que la drogue lui appartenait. »

SOMAYYEH
17 ans

« Somayyeh, à gauche, a tué son père, toxicomane, avec sa sœur et sa mère. Elles ont enterré le corps dans le jardin mais il a été découvert. La grand-mère demande que les trois femmes soient pendues. Somayyeh est à Belle Ville depuis six ans, sa grande sœur a été transférée dans une prison pour adultes. »

HASRAT
17 ans

« Hasrat, à gauche, est surnommée "Hassan le mouton" parce qu'avec son copain Hassan, elle a volé cinquante moutons. Elle chapardait tout ce qui lui passait sous la main. Même dans la prison, elle me mettait en garde : "Attention à ton portefeuille, hein !"
Ici, les jeunes filles peuvent suivre des cours de jardinage, de couture, de céramique... Pour celles qui sortiront, c'est une raison de s'accrocher. »

ZAHRA
17 ans

« Zahra est encore inculpée pour vol de portable. La première fois, elle avait accouché en prison de son fils, à droite. Ça ne l'a pas empêchée de voler à nouveau un téléphone à sa sortie et de retourner à Belle Ville, où elle a accouché d'un autre enfant. Les jeunes femmes peuvent garder leur bébé avec elles jusqu'à ses 2 ans. »

KHATEREH
13 ans

« Elle a fugué pour fuir son oncle qui la violait. Des jeunes ont essayé d'abuser d'elle dans un parc. Pour leur échapper, elle s'est ouvert les veines. La police l'a retrouvée inconsciente. Elle a été soignée puis placée à Belle Ville en attendant que sa famille veuille bien la ramener chez elle. Quand je l'ai rencontrée, elle était terrifiée. »

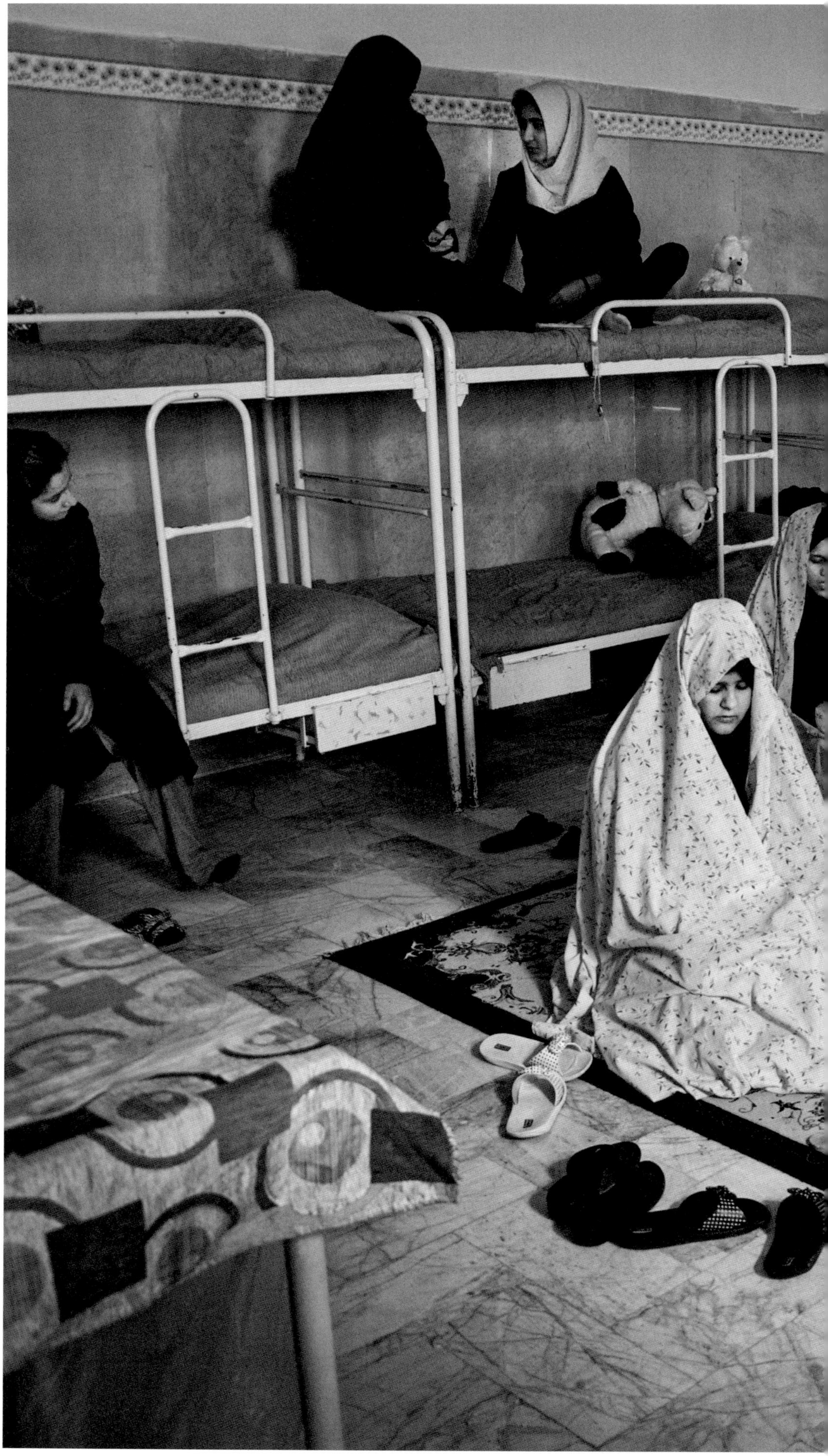

« Un mollah vient prier avec les filles tous les jours à midi. Il leur parle ensuite des principes de l'islam, du bien et du mal, et demande à Dieu de leur pardonner. »

SANAZ
17 ans

« Sanaz, au premier plan, avait l'habitude de détrousser les chauffeurs de taxi avec son petit ami. Ils ont utilisé des armes et fait quelques blessés. »

SHAQAYEQ
15 ans

« Elle poursuit son amie qui lui a piqué sa poupée. Shaqayeq a braqué un supermarché avec son copain. Il s'est enfui, elle a été arrêtée. Sa grand-mère n'est venue lui rendre visite en prison que plusieurs mois plus tard. »

LE PARDON OU LA MORT

En Iran, un condamné à mort peut être sauvé si la famille de la victime accorde son pardon. **Esther Schoeffer** *a rencontré des activistes qui se battent pour arracher ces quelques mots.*

PROLOGUE
پیش در آمد

Maryam* agite quelques feuilles de papier, un dossier léger comme l'âme d'un homme. Quelques lignes traçant les contours d'un fait divers et les conclusions d'un juge : « *Condamné à mort.* » Un avocat, quelque part dans le pays, appelle à l'aide. Un revirement, un seul, pourrait sauver son client : que la famille de la victime lui pardonne. C'est délicat. L'avocat n'a pas réussi. Pour convaincre la famille, il a besoin d'activistes comme Maryam.
Dans son salon un peu kitsch d'une tour sans charme de la banlieue de Téhéran, Maryam lit ce dossier en diagonale, un œil sur le *mirza ghasemi* qui mijote au four. Le condamné ne mérite pas plus d'attention, il a tué deux personnes. « *Une, ça peut arriver. Deux, c'est qu'il en avait vraiment envie !* » Elle ne se battra pas pour le sauver. C'est son choix, son intime conviction. « *Le problème en Iran, c'est que le pardon ne fait pas que sauver le condamné, il le libère. En tant qu'activiste, tu n'as d'autre choix que de tuer ou de libérer. Alors tu tries. Tu ne relâches pas des fous dangereux, tu donnes une seconde chance à ceux qui ont fait une erreur et qui sont prêts à se racheter.* » C'est la justice des hommes. Ou plutôt, dans le salon de Maryam, la justice des femmes. Des activistes catapultées à la place du juge, petites mains de Dieu capables de décider qui doit mourir et qui doit vivre, d'annuler une peine et de décrocher la corde autour du cou du pendu.

SHIRIN
شيرين

Pendant que la jeune femme s'occupe de ses aubergines, Shirin s'empare des feuilles volantes. Cheveux auburn, sourcils dessinés au crayon, elle dévore les quelques paragraphes du dossier en même temps que des raisins marinés. Elle marmonne : « *Il y a des failles dans ce dossier.* » À Maryam, dans la cuisine : « *Tu l'as enterré un peu trop vite !* » Sousan, la troisième militante invitée, opine. Dans le groupe, Shirin fait autorité.
Son frère Hossein a été tué en 2003 pendant la fête du feu, la veille du Nouvel An perse. Ce soir-là, des luminaires sont accrochés aux fenêtres, des feux sont allumés sur les places publiques et il faut sauter au-dessus des flammes pour attirer la chance. Les amis d'Hossein ont commencé la fête sans lui. Ils ont jeté des pétards dans la boutique de verres en cristal du père de l'un d'eux, sorti furieux pour les engueuler. Les jeunes se sont dispersés, le père a enguirlandé son fils : « *Tu n'es qu'un bon à rien ! Tu ne travailles pas et en plus, tu te ramènes ici avec tes amis pour casser ma boutique !* » Le fils, Ali, est ressorti fou de rage contre son père, ses amis et sa vie sûrement un peu bancale, au moment où Hossein rejoignait la bande en scooter. « *Il a enfoncé son couteau dans le cœur de mon frère.* » Hossein avait 29 ans. Shirin dit qu'elle le revoit souvent en rêve, « *la même chemise qu'au dernier jour et un pansement blanc sur le cœur* », et toutes autour de la table la croient, tant la douleur déforme encore son visage. Elle montre une photo d'Hossein et Ali en pèlerinage à Kerbala, en Irak, six jours avant le coup de couteau. Tout en noir, chemises bien boutonnées, devant une mosquée. Hossein au premier plan, les mains ouvertes vers le ciel. Ali, « *son meilleur ami, son frère* », juste derrière. « *Il n'a pas l'air mauvais comme ça, n'est-ce pas ?* » Les copines acquiescent.
Au procès, les témoins sont nombreux, Shirin est sûre de gagner. Lorsque la condamnation à mort est

prononcée, elle exulte. Mais l'avocat d'Ali lui demande de pardonner. *« Mon père voulait que ce soit moi qui décide, j'étais la seule fille de la famille et j'adorais mon frère. Et pour moi, c'était non. Non, non et non. »* Shirin est tellement en colère qu'elle jure qu'elle poussera elle-même la chaise sur laquelle Ali sera pendu.

Téhéran, mégalopole tentaculaire de neuf millions d'habitants, retrouve son ambiance de village, avec ses commérages et ses rumeurs. Sur la mort d'Hossein, tout le quartier a son avis. Shirin n'a pas que sa peine à digérer, elle doit aussi subir les conseils de son entourage. Pendant quatre ans, amis, famille, voisins, commerçants et religieux se pressent devant sa porte pour l'inviter à l'amnistie. Le pardon est bien vu, explique Maryam, l'hôte d'un soir : *« Dans le Coran, il est écrit que venger le sang versé est notre droit. Mais qu'il serait mieux de pardonner et de laisser à Dieu le choix de punir ou pas. »*

Shirin éconduit pourtant tous les émissaires : *« Je me suis disputée avec une cousine qui s'est mêlée de nos affaires. J'ai laissé à la porte mon professeur de Coran. J'ai tenu tête à un mollah très respecté dans le quartier, si respecté que quand il se recueille sur la tombe d'un mort, celui-ci se met debout pour le saluer. "Tu es le père d'un shahid, d'un martyr, je lui ai dit, je te respecte pour ça. Mais si tu utilises ce respect pour me demander de pardonner le sang versé, je te ferai baisser les yeux !" Voilà ce que je lui ai balancé ! »*

Une semaine avant l'exécution, un courrier lui annonce la date de la pendaison d'Ali. *« J'étais tellement contente que j'ai préparé des pâtisseries pour tout le quartier. »* La mère d'Ali vient pleurer devant sa porte, Shirin n'a pas un mot pour elle. Elle appelle même la police pour la faire dégager.

Le jour de l'exécution, ses frères quittent Téhéran et la laissent seule avec sa décision. Ils veulent pardonner et ne se sentent pas le courage de poireauter devant la prison en attendant la pendaison d'un jeune du quartier, un garçon qu'ils ont vu grandir avec leur frère. Shirin s'enferme dans sa voiture pour pleurer : *« J'implorais Dieu : Pourquoi m'as-tu donné ce pouvoir de tuer ? »*

Seul le père de la victime a le droit de pénétrer dans la prison pour assister à l'exécution. Mais pour contenir la rage de Shirin qui hurle : *« Si tu pardonnes, je m'immole par le feu ! »*, on la laisse entrer aussi. *« Mon père était pétrifié, coincé entre sa fille et ses convictions... »*

Quatre hommes doivent être pendus ce jour-là. Dans la salle d'exécution se mêlent huit familles, huit histoires. Dans ce moment si particulier où la victime s'apprête à devenir bourreau, où pour tuer l'assassin elle assassine, Shirin se sent vaciller. Elle a repéré un jeune garçon qui prie les yeux fermés. Il a 18 ans, s'appelle Sina et va être pendu. *« C'était si facile pour moi de pardonner à quelqu'un qui n'avait pas tué mon frère... »*

Elle se jette aux pieds de la famille de la victime de Sina : *« Je suis votre sœur, s'il vous plaît ! »* Pour sa dernière volonté, l'adolescent demande une flûte. Ses quelques

> *« Dans le Coran, il est écrit que venger le sang versé est notre droit. Mais qu'il serait mieux de pardonner et de laisser à Dieu le choix de punir ou pas. »*

notes résonnent dans toute la prison et font pleurer l'assemblée. *« Puis ils ont commencé le décompte. Dix. Neuf. Huit. Sept. Je criais : "Pardonnez-lui ! Mais pardonnez-lui !" et j'ai entendu quelqu'un dire : "Tu ne veux pas pardonner, toi, alors qu'est-ce que tu nous demandes ? Pardonne et nous pardonnerons." Alors j'ai pardonné. À la dernière seconde. J'ai dit : "Je te pardonne Ali, mais je ne veux plus jamais te voir. Disparais." Et Sina m'est tombé dans les bras. »*

À ce moment du récit, le thé a refroidi, le *mirza ghasemi* sent le brûlé, Maryam se mouche bruyamment et le traducteur ne traduit plus. *« Quand je suis sortie de la prison, mon mari dormait juste devant, dans sa voiture. J'étais vidée, je lui ai demandé comment lui avait pu trouver le sommeil. Il m'a répondu : "Je savais que ma femme n'était pas un assassin." Et vous savez quoi ? Je crois qu'il avait raison. Je n'étais pas faite pour ça. »*

SOUSAN
سوسن

Quelque temps plus tard, Shirin entend parler de la famille d'un condamné à mort qui implore le pardon. Oubliée la rage, elle se range à ses côtés et rencontre une militante de vingt ans son aînée, Sousan. Elles fondent une association. Leur but : sauver les condamnés qu'elles ont choisi d'aider, obtenir le pardon de leurs victimes.

Sousan porte un pantalon en cuir, un collier de perles et des petites lunettes rectangulaires. Avant de prendre sa retraite, elle dirigeait les ressources humaines d'un groupe allemand d'électroménager. Militante des droits des femmes depuis toujours, elle a commencé à s'intéresser à la peine de mort il y a une dizaine d'années. *« A priori ce combat n'est pas le mien. Dans mon entourage, personne n'a tué, personne n'a été tué. Mais le fait qu'on puisse exécuter un enfant... Ça me révoltait. »*

En mars 2009, juste avant la réélection contestée de Mahmoud Ahmadinejad, elle manifeste en mémoire d'une jeune fille, morte dans un commissariat dans des circonstances suspectes. Elle est embarquée par la police avec une dizaine d'autres et passe cinq jours dans la célèbre prison d'Evin. À l'époque, petites et grandes peines, prisonniers d'opinion et de droit commun cohabitent. Entre les murs, elle rencontre une jeune fille condamnée à mort pour meurtre. *« Une beauté. Quand elle sortait de la douche, avec ses longs cheveux noirs défaits, elle était splendide. Comment croire qu'elle avait pu tuer de sang-froid et que bientôt elle serait pendue ? »*

C'est pourtant une affaire compliquée. Cette fille de 17 ans a tué un médecin qui lui avait demandé de l'aide pour décorer son cabinet. Elle a expliqué qu'il l'avait enfermée, agressée, et qu'elle l'avait tué pour se sauver. Mais selon Maryam, l'histoire ne tient pas debout : le médecin était en train de prier à genoux quand il a été tué par-derrière, avec un couteau acheté la veille. Et peu avant le coup fatal, ils ont été vus en train d'acheter

« À la dernière seconde, j'ai dit : "Je te pardonne Ali, mais je ne veux plus jamais te voir. Disparais." Et Sina m'est tombé dans les bras. »

des préservatifs à la pharmacie… Peu importe pour Sousan. Elle s'est engagée. Et elle a perdu : les proches du médecin n'ont pas compris qu'on prenne fait et cause pour cette fille de mauvaise vie ; dans la rue, des voisins les traitaient de criminels. L'injuste s'est mêlé à l'impossible deuil. Ils se sont emmurés dans leur peine et ont refusé leur pardon. L'adolescente a été pendue. Sousan ajuste ses petites lunettes. « *Chaque échec nous marque à vie.* »
Elle aimerait lancer de grandes campagnes contre la peine de mort mais cela pourrait être risqué, alors elle sauve les condamnés un à un. Son numéro de téléphone, comme celui des quelques autres « activistes du pardon », circule dans les prisons. Les procédures sont si longues qu'il serait difficile d'établir des statistiques. Sousan sort sa tablette orange fluo. Elle estime que depuis 2009, son association a suivi une centaine de dossiers, mais beaucoup sont encore en cours. « *Je dirais qu'on gagne moins d'une affaire sur deux. J'ai l'impression par contre que la société iranienne est de plus en plus encline au pardon.* »
Un autre « activiste du pardon », plus médiatique que le trio féminin qui s'agite cigarette après cigarette dans le salon de Maryam, a indiqué dans une interview à la BBC qu'en vingt ans, il avait pu sauver une vingtaine de personnes. « *Je travaille parfois sept, huit ans sur une affaire. Mais sur cinq personnes, je n'en sauve qu'une. Et quand j'échoue, c'est extrêmement douloureux* », confiait Sharmin Meymandinejad. Son témoignage, livré d'une voix calme et sereine, posait des questions en forme d'énigmes : qu'est-ce que le pardon ? Pourquoi, pour qui, pardonne-t-on ? Pour sauver l'autre, pour se sauver soi-même ? Est-ce une école de la seconde chance ? Ou devrait-on, nous Européens, louer nos systèmes judiciaires, nos États de droit, qui nous déchargent du poids de la justice ? Après avoir passé du temps avec « trois femmes puissantes », comme les héroïnes du livre de Marie NDiaye, le puits de questions est plus profond encore.

MARYAM
مريم

Le pardon peut avoir un coût. Au sens littéral. Il s'achète et se vend. Se négocie, se marchande, s'arrache à tout prix. Et comme au bazar, c'est tout un art. Il ne faut pas que le quartier sache qu'il y a eu transaction. Sinon, on donne l'impression d'avoir bradé le sang du défunt, d'avoir échangé son père, son frère, contre quelques billets. Quand elle attendait l'exécution d'Ali, Shirin se faisait un point d'honneur à refuser toute transaction. Mais quand il a été libéré, son entourage lui a conseillé d'accepter une certaine somme. « *Sinon, il aurait repris sa vie sans avoir purgé sa peine, sans en avoir payé le prix.* » Elle a reçu 100 millions de tomans, 30 000 euros aujourd'hui, beaucoup plus à l'époque, inflation oblige. Elle a payé son avocat et reversé le reste à des associations. Quand les familles des meurtriers sont trop pauvres pour acheter la mansuétude des victimes, les « activistes du pardon » viennent à leur rescousse. Ils rassemblent leurs économies, lancent des appels sur Facebook, similaires à de grandes campagnes de financement participatif, de celles qui sauvent le budget d'un film, un voyage, un spectacle de cirque… Cette fois : la tête d'un homme.
Pour sa première campagne, Maryam, notre hôte, a dû récolter 500 millions de tomans, 150 000 euros. Une somme énorme dans un pays où le salaire d'un enseignant plafonne à 270 euros. Elle n'avait aucune expérience, juste un cœur plus gros que la moyenne. La rédemption de Shirin, étalée dans les journaux, l'avait bouleversée. Journaliste pour

l'un des plus grands quotidiens du pays, elle s'est lancée un jour où, au téléphone, une voix a dit : *« Une femme va être pendue dans moins de soixante jours. Tu veux nous aider ? »*
Cette femme, Rana, vient d'un quartier chaud du sud de Téhéran. Séparée de son mari, elle s'est acoquinée avec un dealer qui voulait l'obliger à vendre de la drogue. Elle a refusé, il a menacé de tuer son fils. Elle a voulu l'empoisonner pour l'endormir, le temps de trouver une solution. Il est mort. *« Ça, c'est sa version. J'ai appris depuis que les gens pouvaient mentir. Une fois qu'ils ont touché l'argent, on découvre une partie de leurs secrets... »* Mais quand, plus tard, Rana lui téléphone pour la première fois depuis la prison des femmes, Maryam ne pose pas trop de questions : *« Quand une condamnée t'appelle depuis les couloirs de la mort, tu es très émue. Tu as l'impression que si elle meurt, ce sera en partie de ta faute. Alors tu fonces. »* Elle lance un appel sur Facebook pour la libération de « R. » : *« L'anonymat est important. Pour que personne ne soit pointé du doigt, ni la famille de la victime ni celle de la coupable. J'ai fait des études de droit et la première chose qu'on apprend, c'est que les deux parties ont tort. Il y en a juste une qui a plus tort que l'autre. »*

« J'ai couru derrière la famille de la victime en disant : "Vous ne pourrez jamais oublier l'image du corps de cette femme au bout d'une corde !" »

Avant de se passionner pour les sujets de société, Maryam a longtemps travaillé pour les pages cinéma du journal. Elle met donc à profit son réseau et rameute tous les comédiens, réalisateurs et intellectuels qu'elle connaît.
Et n'a aucun mal à les convaincre : *« Aujourd'hui, c'est très à la mode, beaucoup de personnalités s'engagent pour le pardon. »* Elle réserve une salle de cinéma et, le jour J, un soir de septembre, elle récolte 90 000 euros. Un miracle.
Elle prend rendez-vous avec le juge, l'avocat et la famille du dealer. Une fois que celle-ci aura accepté la somme proposée et signé le fameux bout de papier, Rana sera libérée. Mais rien ne se passe comme prévu. La famille est plus remontée que jamais, exige 150 000 euros et demande que la date de l'exécution soit avancée à la semaine suivante. Maryam, maladroite, au fils de la victime : *« Ce n'est pas la solution. Je suis là aussi pour toi, pour que tu ne te transformes pas en meurtrier... »* Mais il quitte le bureau sans un regard.
Désespérée, la journaliste poste un long message sur Facebook : *« Ça fait deux mois et demi que je fais tout ce que je peux, que je ne dors pas, que je ne mange pas, pour que R. ne soit pas pendue. J'ai embrassé les pieds de la mère de la victime, je l'ai suppliée de pardonner, mais elle ne m'a même pas regardée. R. m'a appelée ce matin, comme tous les matins, et je l'ai sentie très angoissée. Je n'avais presque plus rien à lui dire. Juste : "Sois forte." Quand je l'ai vue cette semaine chez le juge, elle avait le visage gonflé et pâle, portait un tchador de prison et cachait ses menottes. J'ai beaucoup pleuré. Dans les couloirs, j'ai couru derrière la famille de la victime en disant : "Vous ne pourrez jamais oublier l'image du corps de cette femme au bout d'une corde !" R. m'a essuyé le visage : "Ma mère, mon enfant*

et moi, on a placé tous nos espoirs en toi. Si tu pleures, si tu abandonnes, mieux vaut que je meure tout de suite." On a 90 000 euros. On a récolté tout ce qu'on a pu. Il nous manque 60 000 euros. Mercredi on va la pendre. S'il vous plaît, aidez-nous.» Et elle copie-colle ses coordonnées bancaires.

Quelques heures plus tard, elle a déjà récolté 15 000 euros. C'est un bazar incroyable, elle croule sous les appels et les messages, elle reçoit sur Telegram, la messagerie favorite des Iraniens, des petits mots de tout le pays, des paysans qui donnent trois fois rien, des religieux qui offrent la commisération d'Allah, des intellos qui trouvent un moyen facile de lutter contre la peine de mort sans quitter leur ordinateur. Et elle s'oblige à faire des captures d'écran de chaque don, au cas où elle serait un jour poursuivie pour escroquerie. *« C'était n'importe quoi. Mais en trois jours j'ai récolté tellement d'argent que j'ai pu sauver non seulement Rana, mais aussi deux autres personnes.»* Elle doit même fermer son compte Facebook pour ne pas continuer à recevoir de l'argent. Rana vit désormais dans une petite maison avec sa mère et son fils. Elle essaie de trouver un travail. *« Elle voudrait vendre son corps, mais j'essaie de l'en dissuader.»* La journaliste peine à trouver la bonne distance : *« Elle est un peu comme mon enfant... »*

Maryam s'est impliquée dans une autre affaire. Un homme qui a braqué une banque et tué un policier : *« Je regrette un peu de l'avoir aidé. Comme je suis féministe, je préfère aider les femmes. Nous, les activistes, nous n'avons ni pouvoir, ni temps, ni argent, alors on choisit les histoires qui nous intéressent. On fait notre propre justice. Moi je cherche des cas simples, comme des filles violées qui ont tué leur agresseur. Là, je me pose moins de questions.»*

ÉPILOGUE
خاتمه

Sharmin Meymandinejad, l'homme interviewé par la BBC, a eu cette phrase étonnante pour un militant des droits de l'homme : *« Je ne suis pas totalement contre la peine de mort.»* Il explique que sans la peine de mort, la famille de la victime se chargerait elle-même de faire payer le prix du sang. Sharmin Meymandinejad fait libérer des meurtriers depuis vingt-trois ans et semble estimer que c'est là sa place, alors que celle de l'État est de punir selon la loi du talion.

« Si je réfléchis avec mon cœur, je dirais qu'il a tort, réagit Maryam, le dîner à peine terminé. *Si je réfléchis avec ma raison, je suis finalement assez d'accord avec lui. Le problème, c'est la culture de la vengeance, l'"œil pour œil, dent pour dent". Et c'est l'absence de prisons sur lesquelles on peut compter, qui remettent les détenus sur la bonne voie. Je voudrais que ce soit un juge qui décide qui peut sortir de prison et qui ne doit surtout pas. Pas nous.»* Shirin, la petite sœur au cœur blessé, botte en touche : *« Je mentirais si je disais que je suis contre la peine de mort. Mais je ne peux pas cautionner la pendaison.»* Sousan, la doyenne, est la seule convaincue qu'une société humaniste ne peut être fondée sur l'élimination de ses éléments déviants.

Il est temps de nous séparer. Je regarde ces trois femmes puissantes nouer un voile sur leur tête pour se plier aux règles du dehors. Quelques jours plus tard, je me réjouirai que le festival de Cannes remette son prix d'interprétation à l'acteur iranien Shahab Hosseini. À Téhéran, je l'ai vu dans son précédent long-métrage, *Chahar Shanbeh* (« Mercredi »). L'histoire d'une famille qui se déchire pour savoir s'il faut ou non pardonner le meurtrier du père. Le film faisait un tabac •

* *Tous les prénoms ont été modifiés.*

POUR EN SAVOIR PLUS

Des milliers de personnes exécutées chaque année dans le monde

Parmi les pays qui appliquent la peine de mort, la Chine arrive loin en tête, mais le nombre d'exécutions est un secret d'État. En Malaisie, en Corée du Nord et au Vietnam, Amnesty International n'a pas pu obtenir de chiffres.

Source : Amnesty International

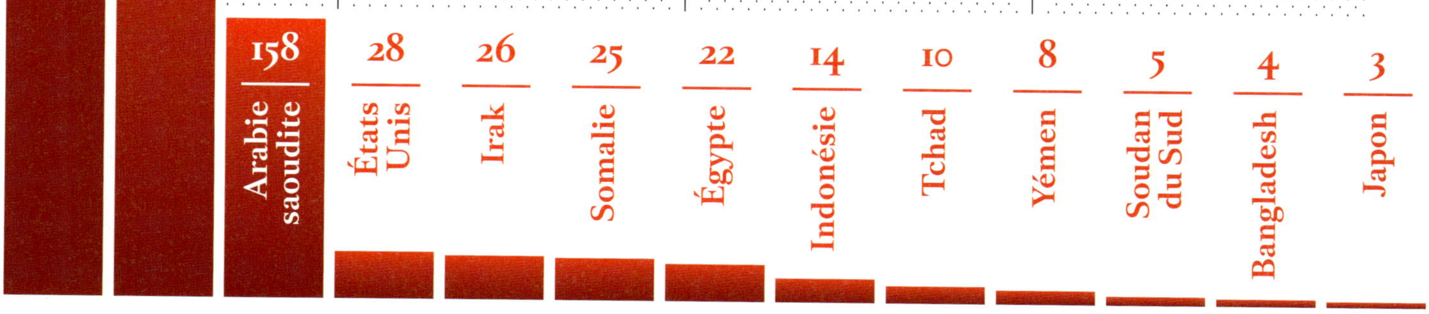

En Iran, toujours plus de peines de mort

Neuf cent soixante-dix-sept personnes ont été exécutées en 2015 en Iran, selon Amnesty International. Un record en vingt ans. La majorité d'entre elles étaient condamnées pour trafic de drogue. Le meurtre, le viol, l'attaque à main armée, la trahison, l'espionnage, la sodomie, la prostitution, l'adultère et l'apostasie sont aussi passibles de la peine capitale.
Les exécutions s'effectuent généralement par pendaison. Elles ne sont plus publiques, sauf exception. Le code pénal islamique prévoit toujours la lapidation comme méthode d'exécution. En 2015, au moins deux condamnations à mort par lapidation ont été prononcées, selon Amnesty International.

L'abolition, un combat risqué

Quand l'avocate Shirin Ebadi, Prix Nobel de la paix en 2003, prend la parole depuis son exil londonien pour fustiger le régime iranien et réclamer plus de liberté, elle a toujours un mot pour son amie Narges Mohammadi. Activiste, vice-présidente du Centre pour les défenseurs des droits humains, celle-ci a fait plusieurs séjours dans la célèbre prison d'Evin depuis 2011. En mai 2016, elle a été condamnée à dix ans de prison pour *« réunion et complot contre la République islamique »*, *« propagande contre le régime »*, et surtout *« création d'un groupe illégal »*, à savoir l'association Legam, qui milite pour l'abolition progressive de la peine de mort. Comme *« preuves »*, le tribunal a retenu ses entretiens dans les médias et le fait qu'elle a rencontré Catherine Ashton, à l'époque haute représentante de l'Union européenne pour les affaires étrangères. Épileptique, en partie paralysée, elle n'a pas accès aux médecins et pas le droit de communiquer avec sa famille.

Des enfants dans les couloirs de la mort

La Convention des Nations unies sur les droits de l'enfant stipule que la peine de mort ne doit pas être prononcée pour des infractions commises par des personnes âgées de moins de 18 ans. Tous les États l'ont ratifiée, sauf les États-Unis et la Somalie. Bien que signataire, l'Iran est le pays qui exécute le plus de personnes condamnées pour des faits commis alors qu'elles étaient adolescentes. Amnesty International en a dénombré soixante-quinze entre 2005 et 2015. Selon un rapport des Nations unies, elles seraient cent soixante aujourd'hui dans les couloirs de la mort. Ces jeunes seront exécutés lorsqu'ils atteindront l'âge de 18 ans. Dès l'instauration de la République islamique, en 1979, le système juridique et pénal a été influencé par la loi islamique, ce qui a entraîné la baisse de l'âge de la responsabilité pénale à l'âge de la puberté religieuse, soit 9 ans pour les filles et 15 ans pour les garçons. Ainsi, des enfants peuvent être soumis à tout châtiment infligé aux adultes, y compris être condamnés à mort.

Le village des condamnés

Dans un village du Sistan-Balouchistan, une province du sud-est de l'Iran, tous les hommes ont été condamnés pour trafic de drogue et exécutés. Cette information émane du gouvernement. Plus précisément de la vice-présidente pour les femmes et les affaires familiales, Shahindokht Molaverdi, qui évoque pour la première fois l'existence de ce village dans une interview à l'agence officielle Mehr News en février 2016. Elle ne donne pas plus de détails, ni sur la localisation du village, ni sur le nombre d'habitants initial, ni sur le nombre d'années au cours desquelles ces hommes ont été tués. Les journalistes doivent se contenter de sa compassion : « *Leurs enfants sont des trafiquants de drogue potentiels désormais. Ils vont chercher à se venger et à gagner de l'argent pour leur famille. Et ils ne bénéficient d'aucune aide.* »

Le Sistan-Balouchistan est l'une des régions les plus pauvres d'Iran. La proximité de l'Afghanistan et du Pakistan fait de ses habitants des cibles de choix pour les trafiquants qui cherchent des petites mains. Mais l'Iran tout entier est traversé par des stupéfiants en route vers l'Europe. Pour lutter contre le trafic, la République islamique dispose d'une loi hyper-répressive. La possession de plus de 30 grammes d'héroïne, de morphine ou de cocaïne, ou celle de 5 kilos d'opium ou de cannabis, est sanctionnée par la peine de mort. Résultat, les trois quarts des personnes exécutées en Iran le sont pour trafic de drogue. Cette sévérité ne paie pas. Aucune baisse du trafic n'est constatée. Des activistes reprochent aux Nations unies, à travers leur Office contre la drogue et le crime, de financer la politique de tolérance zéro de Téhéran.

Soudan	Jordanie	Oman	Inde	Afghanistan	Émirats arabes unis
3	2	2	1	1	1

À voir à lire

Les Enfants de Belle Ville
film d'Asghar Farhadi (2004)
Bien avant *Une Séparation* et *Le Passé*, l'un des premiers drames du réalisateur iranien multiprimé. L'histoire d'Akbar, 18 ans, emprisonné à Téhéran, et de son meilleur ami, A'la, qui va tout faire pour obtenir le pardon du père de sa victime avant qu'il ne soit exécuté.

Les Jacarandas de Téhéran
de Sahar Delijani
(éd. Albin Michel, 2014)
Comme son personnage, l'auteure est née dans la prison d'Evin. Ses parents, prisonniers politiques, sont ensuite partis s'installer aux États-Unis. La fiction lui permet d'imaginer la fille qu'elle aurait pu être si elle était restée en Iran.

En ce lieu enchanté
de Rene Denfeld
(éd. Fleuve, 2014)
Un condamné à mort observe les âmes qui peuplent le monde « *enchanté* » du « *donjon* ». Le premier roman d'une enquêtrice américaine spécialisée dans les dossiers de peine de mort. Bouleversant.

Dans les coulisses

Sadegh Souri est cinéaste et photographe. Au fil des documentaires, il voyage à travers l'Iran, repère des histoires et décide de les prolonger en photos. Embauché pour le tournage des *Rêves de l'aube*, un film qui raconte le parcours de quatre jeunes filles de la prison de Belle Ville, il découvre l'univers carcéral. Lui qui se dit « *contre la peine de mort, à 100 %* », se prend de pitié pour ces adolescentes, « *là par hasard, par accident* », victimes des soubresauts de la vie : « *Si elles avaient plus d'éducation, un petit travail, un beau-père plus gentil, elles ne seraient pas là…* »
Il demande à photographier la prison et, heureusement pour lui, la production du film s'occupe de son autorisation : « *Seul, je ne l'aurais jamais eue.* » Il reste à Belle Ville quatre semaines, en février 2014.
Certaines filles refusent d'être prises en photo, d'autres ne veulent pas qu'on montre leur visage, d'autres enfin sont prêtes à discuter des heures et à raconter leur vie au photographe. Des liens se créent. Sadegh Souri est toujours en contact avec certaines « *filles de Belle Ville* ». Il voudrait raconter leur sortie. « *Pour elles, ça va être comme sortir d'une petite île pour habiter un grand pays.* »
En attendant, il milite pour que les condamnées à mort ne soient pas exécutées. Sans s'en vanter, à demi-mot, il confie que bien sûr, il a tenté de convaincre certaines victimes de pardonner.
« *Apprendre qu'une des filles que j'ai rencontrées a été tuée, ça me fendrait le cœur.* »

Triptyque

LES SŒURS D'ISPAHAN

Camelia, Romina et Nadia grandissent en toute quiétude dans une famille aisée d'Ispahan, la troisième ville d'Iran. **Isabelle Eshraghi** *a partagé leur intimité et raconte au fil des ans leur passage de l'enfance à l'âge adulte. Bientôt, Camelia va se marier...*

2013

AUTOMNE

«L'aînée, Camelia, a 24 ans. Elle a choisi la vie active contrairement à sa mère, femme au foyer. Elle travaille dans un laboratoire d'analyses médicales. La télévision satellite, que beaucoup d'Iraniens possèdent malgré son interdiction, diffuse une série turque qui fait fureur.»

« Nadia, 21 ans, étudie l'agroalimentaire. Elle voudrait travailler dans un laboratoire de recherche. Elle sait que ce sera difficile : pour trouver du travail, il faut avoir des relations. »

« Romina, 17 ans, est encore au lycée. Elle est fière de son premier smartphone, qu'elle ne quitte jamais. »

2014

ÉTÉ

« La mère, Mojgan, a acheté avant les sanctions internationales une Volkswagen importée. La voiture a plusieurs centaines de milliers de kilomètres au compteur, il faudrait la changer, mais les modèles chinois qui inondent le marché ne lui plaisent pas. »

« Les tâches ménagères incombent aux filles, même dans une famille aisée et éduquée. »

« Hossein, le père, est à la retraite. Il était ingénieur en construction dans les aciéries. Grand collectionneur d'antiquités iraniennes, il fait de la calligraphie et peint des miniatures. Pour l'éducation des filles, il donne son avis mais c'est toujours son épouse qui a le dernier mot. »

« Comme sa sœur aînée, Nadia s'est fait refaire le nez. Ça avait coûté 3 millions de tomans (870 euros) pour Camelia il y a trois ans, 5 millions (1450 euros) pour elle. Depuis trente ans, l'inflation fait exploser les prix. Ce jour-là, venue pour une manucure dans un salon de beauté, elle aide une cliente à nouer sa robe de mariée. »

« Romina est l'artiste de la famille, elle tient ça de son père. Elle aime Cézanne, Picasso, Léonard de Vinci, et découvre l'artiste local Hamed Sadr Ahrami. »

« Après la sieste, les filles se retrouvent dans la cuisine. Leur mère leur a appris à lire l'avenir dans le marc de café. Dans la soucoupe de Camelia, on distingue un poisson, symbole d'abondance. »

« Le vendredi, la famille rend visite aux nombreuses tantes maternelles. Le tchador à fleurs de la grand-tante est typique de la région. On en voyait beaucoup dans les rues ; aujourd'hui les femmes pieuses ont adopté le tchador noir. »

« La tante qui vit au Canada (à gauche) vient chaque année en vacances pendant un mois avec sa fille Niki (à droite). Les liens familiaux sont très forts en Iran. »

« Aux mariages, hommes et femmes sont séparés, il est donc possible de porter des robes légères. Camelia sait que son tour est proche. Elle hésite à accepter la demande d'Aram, un ingénieur que sa mère a rencontré et qui attend patiemment sa réponse depuis trois ans déjà. »

2014-2015
HIVER

« Camelia patiente chez le vétérinaire pour faire vacciner le chien de la famille et choisir son shampoing. Dans l'islam, le chien est considéré comme sale et impur. »

« Hossein emmène Romina à la fête de départ de sa professeure de coréen. »

« Romina est tombée par hasard sur une série coréenne à succès, “Boys over Flowers”, quand elle avait 14 ans. Emballée, elle s’est mise à écouter de la K-pop et s’est inscrite à un cours de coréen. Le départ de sa professeure lui fend le cœur. »

2015
PRINTEMPS

«Camelia a accepté la demande d'Aram, 41 ans, quinze de plus qu'elle. C'est un bon parti, un homme riche et généreux, mais ils ne se connaissent pas vraiment. Aram a mis du temps à trouver une fille qui lui plaise.»

«Lors des fiançailles, Camelia et Aram ouvrent la danse. Les deux familles les observent, en priant pour que leur union tienne jusqu'au mariage qui aura lieu dans plus d'un an. D'ici là, ils apprendront à mieux se connaître.»

« La famille d'Aram est enchantée. C'était le dernier fils à marier. Sa petite sœur a épousé un banquier et son grand frère a déjà fondé un foyer. Il a trois enfants. »

« Romina vient de recevoir par mon intermédiaire le "Elle" chinois. Elle est ravie car le chanteur qui fait la une, Luhan, est son idole ! "Je suis amoureuse de lui !", dit-elle. Le poster va rejoindre les autres dans la chambre qu'elle partage avec Nadia. »

« Aram s'est installé dans l'appartement de la famille de Camelia jusqu'au mariage. Habituellement, la fille part chez sa belle-famille mais l'appartement d'Aram est trop petit et sa famille habite à plus de 60 kilomètres. Camelia peut ainsi garder son travail. »

« Camelia et Aram rentrent d'un dîner. Depuis leurs fiançailles, ils peuvent dormir ensemble. Ces moments partagés semblent les rapprocher. Ils projettent de partir en voyage à Istanbul. »

« Au bazar d'Ispahan, les lunettes sont "made in China". À cause des sanctions internationales, l'Iran ne peut pas vendre son pétrole à l'étranger, il l'échange donc contre des produits qui inondent le marché traditionnel. »

« Le père d'Aram est un ingénieur électricien à la retraite. Il élève des moutons, des lapins, des poules… Chaque matin, il marche une ou deux heures sur la montagne face à son verger de grenades. »

« Le vendredi, jour de congé, Camelia accompagne Aram dans sa famille. Elle s'y plaît. Elle suit de près les projets d'aménagement de la maison, notamment la construction d'un bassin à l'entrée. »

2015

ÉTÉ

« C'est l'anniversaire de Nadia. Une fête en deux temps : d'abord autour de pizzas arrosées de Coca-Cola au City center, l'immense centre commercial d'Ispahan ; puis à la maison avec un gâteau. »

« Pour ses 23 ans, la cadette a reçu un portefeuille et de l'argent. "J'économise pour le futur", dit-elle. »

2015
AUTOMNE

« Au café de l'hôtel Asseman, les mères viennent rencontrer les prétendants de leurs enfants. Aujourd'hui, Nadia a accepté que sa mère lui présente un jeune homme remarqué à l'université. Romina, la petite sœur, les a suivis et s'est assise à une table éloignée pour voir à quoi ressemble le garçon. Ça ne collera pas. Il "n'est pas assez classe", assurent Nadia et sa mère à la sortie. »

« Avant de commencer leur journée de travail, les laborantines partagent un petit-déjeuner. Depuis ses fiançailles, Camelia est fière de parler de sa nouvelle vie de femme. »

2015-2016
HIVER

« Romina a organisé une soirée pour Halloween. Les parents ont laissé l'appartement à condition qu'il n'y ait aucun garçon. »

« Cette fois, ce sont les fiancés qui reçoivent leurs amis. Camelia s'affaire en cuisine, vole de la piste de danse à une séance photo, c'est une véritable maîtresse de maison. On la sent heureuse, bien dans son rôle de future épouse. »

« Le thème de la soirée est "rouge, blanc et noir", les couleurs de Coca-Cola. Le garçon qui suit Nadia au buffet semble l'avoir remarquée. Ils échangent plusieurs regards, rien de plus. »

« C'est la Saint-Valentin. Camelia rentre du travail et découvre ses cadeaux. Au mur, un poster d'elle quand elle avait 16 ans. »

« Aram lui a offert une boîte de confiseries qui cachaient une bague en or. Elle lui a trouvé un portefeuille et une ceinture en cuir. Ils se sont aussi acheté un énorme ours en peluche. »

« Depuis qu'elle est avec Aram, Camelia découvre les meilleurs restaurants de la ville. Elle a appris à l'aimer. Elle voudrait fonder une famille, avoir trois enfants comme sa mère. Avant, il faut préparer le mariage, qui aura lieu cet été. Pour son voyage de noces, le couple s'envolera vers la France. »

LIBRES AMANTS

Les mariages arrangés, ce n'est pas pour eux. La jeunesse branchée de Téhéran drague dans les cafés, choisit son partenaire, se marie parfois et divorce presque autant qu'à Paris ou à Madrid. Anatomie d'un couple d'aujourd'hui.

Je suis tombée sur eux par hasard, dans une rue passante du sud de Téhéran. Ils se tenaient par la main, ce qui n'est pas si courant, elle avec son regard de biche et son foulard quasi invisible, lui avec sa tignasse noire, souple et fin comme un roseau. J'ai demandé mon chemin en anglais. Elle a suggéré de m'y emmener, lui s'est laissé piloter : *« Chez vous, on dit que les femmes iraniennes sont soumises, n'est-ce pas ? Mais ce sont elles qui décident de tout. "Oui mon Général", "bien sûr mon Général", c'est ça la vie d'un homme d'ici. Ma femme, c'est mon Napoléon. »* Leila a ri, moi aussi, et nous sommes convenus de nous revoir dans un bar à la mode qui jouxte la Maison des artistes, un lieu rempli de gens comme eux, urbains, jeunes et amoureux.

Ce soir-là, Leila a troqué son foulard contre un *maghnae*, une cagoule noire qui tient lieu d'uniforme dans certains milieux. Ingénieure en télécommunication, beauté calme tout en œillades et mots susurrés, elle commande un jus de melon pressé. Son mari, Ali, vit de sa guitare. Il donne des cours et des concerts. Ils se sont rencontrés il y a neuf ans dans une soirée rythmée par la musique et l'alcool maison. Ali, qui devait être déjà un grand échalas maladroit, a tenté une approche originale en s'enquérant de son âge. Elle, un peu crâne : *« Bizarre comme première question ! Il devait être intimidé. »* Lui : *« Pas du tout ! J'aime les femmes plus âgées. Elle avait un an de plus que moi, ça collait. »*

Leila a alors 21 ans. Contrairement à beaucoup de ses amies, elle n'a laissé aucun bistouri malmener son nez busqué. Il est charmant son nez, d'elle et d'aucune autre, et Ali, habitué aux rhinoplasties plus ou moins réussies, fond devant tant de naturel. Le rockeur et la bombe iranienne se séparent à l'aube, trop timides pour échanger leurs numéros. Un ami s'en charge pour eux.

Poésie et « acte d'amour »

« Il me lisait des poèmes la nuit au téléphone, confie Leila. *Parfois il inventait des vers et me les envoyait par texto. C'était un peu kitsch, un peu drôle, ça me faisait plaisir. En Iran, tout se fait en poésie. »* Premiers baisers, étincelles de souvenirs dans leurs yeux, pudeur dans les miens. Ali : *« Vas-y, tu veux nous demander si on a fait l'acte d'amour ? Pas la peine d'être gênée. Oui. Oui bien sûr. »*

Ni l'un ni l'autre n'est passé par l'étape du *khastegari* traditionnel, ce premier rendez-vous familial au cours duquel les parents du prétendant se rendent chez ceux de la demoiselle pour faire connaissance, jauger leur réputation et s'assurer accessoirement que les promis s'entendront bien.

Le rockeur affirme avoir rencontré *« seize filles »* avant sa Leila. La mode, il y a dix ans, avant que le nombre de cafés n'explose à Téhéran, était au *dor dor kardan*, « la drague en voiture ». Un truc typiquement iranien. Ali raconte ce morceau d'adolescence comme un souvenir de la veille : *« La nuit tombe, c'est instinctif, tout le monde prend sa voiture, direction le quartier le plus chic de la ville. Au feu rouge, la voiture des mecs colle la voiture des filles. Si aucune ne te plaît, tu refais un tour du boulevard. Si tu craques pour une, tu discutes, tu donnes ton numéro. Si tu veux poursuivre la discussion, tu refais un tour de boulevard juste pour*

la rattraper au feu rouge. » Bien sûr, Ali étant musicien, il n'a jamais eu « *besoin de ça* » pour séduire, « *c'était juste un hobby* »...
Leila, elle, compte deux « ex » à son palmarès. Ali ne s'en est jamais offusqué. Certains hommes préfèrent encore épouser une femme vierge : « *Un sur deux, je dirais* », évalue la jeune femme. Une amie a dû se faire recoudre l'hymen pour séduire son mari. « *On est prises au piège, coincées entre nos traditions et le mode de vie occidental. On n'est ni l'un ni l'autre, toujours entre les deux.* » Ali la coupe : « *Pas moi. Le pont, je l'ai traversé. Et je ne me retournerai jamais.* » Leila lui rappelle le sort de Camelia, l'une des trois sœurs d'Ispahan photographiées par Isabelle Eshraghi, dont je viens de leur parler. « *Regarde, même en ville, il y a encore des filles qui ne choisissent pas leur mari ! Ça nous paraît fou mais ça existe !* »
Leila et Ali sortent ensemble pendant cinq ans. Chaque soir, elle rentre chez ses parents. Le concubinage leur semble impossible, les cancans des voisins leur font peur. Si la pratique est plus répandue aujourd'hui, à l'époque mieux valait se marier. Or Ali n'en a aucune envie. Ses parents ont divorcé, comme un couple sur trois à Téhéran, un sur cinq en Iran. Un jour, il se lance pourtant : « *Si je te demandais en mariage, tu dirais oui ?* » Les semaines passent, Napoléon secoue le cocotier : « *Et alors, tu veux m'épouser ou quoi ?* » Ils se marient en 2012, à 25 et 26 ans.

La cuisine en pestant

À la maison, Leila se charge de la plupart des tâches ménagères. « *Ali ne m'impose rien, je me contrains toute seule ! Parfois, quand je rentre épuisée de ma journée de travail, je n'ai aucune envie de préparer le dîner. Mais ma mère était femme au foyer, je l'ai toujours vu cuisiner pour nous, et j'ai du mal à m'enlever ça de la tête. Alors à chaque fois je craque.* » Napoléon, vaincu, hausse les épaules : « *Je me sors du canap' et je me mets à cuisiner en pestant contre moi-même.* »
Arrivés à la trentaine, ils ne veulent toujours pas d'enfants. Ali dit que s'il voulait une occupation supplémentaire, il prendrait un chien. Lui veut jouer de la musique, lire des livres, en écrire peut-être, marcher main dans la main avec Leila. Le refus de fonder une famille a chez elle une résonance plus politique : « *Dans les films de chez vous, les couples ont l'air heureux d'avoir des enfants. Ça a l'air facile. Chez nous la vie est dure, l'avenir incertain, on ne peut rien planifier. Ce serait égoïste de faire un enfant dans ces conditions. Quel avenir lui promettrait-on ?* » Je lui demande si ses parents ne lui mettent pas la pression. Elle imite sa mère, son air pincé et son doigt pointé en l'air, prêt à déclencher les foudres de la justice divine : « *Faire un enfant dans un tel pays ? Comment oseriez-vous !* »
Ali m'offre un cadeau. Une pièce de monnaie minuscule, enveloppée dans un sachet transparent. Un rial. Avec l'inflation, ça ne vaut plus rien, des millièmes de centimes d'euro, je ne me risque même pas au calcul. Il glisse : « *C'est une antiquité, le souvenir d'un jour où la vie était plus simple. Si tu reviens un jour et que tu peux utiliser cette pièce pour t'acheter un journal, alors nous ferons des enfants.* » •

Anaïs Vandenhove

« Chez nous la vie est dure, l'avenir incertain... Ce serait égoïste de faire un enfant dans ces conditions. »

POUR EN SAVOIR PLUS

Les Iraniens

99 %
sont musulmans

93 %
sont alphabétisés

71 %
habitent en ville

60 %
des diplômés sont des femmes

55 %
ont moins de 30 ans

Une si fragile classe moyenne

L'Iran dispose des premières réserves mondiales de gaz, des quatrièmes de pétrole, d'une main-d'œuvre éduquée et d'une croissance prévue en 2016 de 4,3 %, ce qui pourrait faire pâlir de jalousie la vieille Europe. L'accord sur le nucléaire et la levée des sanctions devraient lui permettre d'empocher 50 milliards d'euros, dont 29 milliards d'avoirs bloqués dans les banques internationales.
Mais l'eldorado pourrait bien être un mirage. La baisse des cours mondiaux du pétrole sape l'économie iranienne. Le secteur privé peine à émerger face à un secteur public écrasant. Il ne peut soutenir la classe moyenne, fragilisée par plusieurs décennies d'inflation. Le pouvoir d'achat des Iraniens ne fait que baisser depuis 2011, sanctions ou pas.
Le taux de chômage, qui devrait frôler les 13 % en 2016, semble sous-estimé. Le Fonds monétaire international l'évalue à 30 %. Le travail est rare et peu rémunéré : le salaire d'un enseignant iranien est de 270 euros.

La tyrannie des nez

CAREN FIROUZ / REUTERS

Chaque année, 40 000 rhinoplasties sont pratiquées en Iran.

Il n'est pas rare de croiser dans les rues d'Ispahan ou le métro de Téhéran une jeune fille affublée d'un pansement sur le nez. Les Iraniens sont accros à la rhinoplastie ! Le pays occupe le quatrième rang mondial pour ces opérations de chirurgie esthétique, et le septième en ce qui concerne la consommation de cosmétiques. Oubliés les bosses, les nez busqués « typiquement perses », on rêve d'un nez droit ou en trompette, aux ailes invisibles tant elles sont fines… Et au passage, on se fait injecter un peu de Botox ou repulper les lèvres. Selon Javad Amirizad, de l'Association des chirurgiens plastiques, 40 000 opérations sont pratiquées chaque année. Tous les âges sont représentés. Un tiers des opérations concerne des hommes, mais les femmes sont bien sûr les premières cibles du marketing du bistouri. Un collectif féministe s'en est offusqué. « Les Iraniennes de près » ont lancé sur Facebook une campagne intitulée « Mon nez est naturel », invitant les femmes à envoyer des photos de leurs visages non transformés. Et à réfléchir aux raisons qui les poussent sur le billard : la loi islamique, qui impose le foulard et concentre toute l'attention sur le visage ? Le patriarcat, qui encourage les femmes du monde entier à se charcuter pour plaire ? Ou la culture de la consommation, poussée à son paroxysme en Iran, où il faut avoir le dernier portable et le nez à la mode ?
Une rhinoplastie coûte cher, 1 500 euros environ. C'est un signe d'ascension sociale. Certains font donc semblant. Un sparadrap sur le nez et hop ! on s'y croirait presque.

Famille, sexualité… l'autre révolution iranienne

« La plus grande chute de la fécondité jamais enregistrée dans l'histoire de l'humanité. » Le démographe américain Nicholas Eberstadt n'exagère pas : le taux de fécondité en Iran a chuté de plus de 70 % depuis trente ans. Avec moins de deux enfants par femme, les Iraniennes en font moins que les Françaises.
Le renouvellement des générations n'est pas assuré. Un rapport de l'ONU indique que la population pourrait avoir diminué de moitié à la fin du siècle. Affolé, le gouvernement a interrompu en 2012 la distribution gratuite des contraceptifs dans les centres de planification familiale.
L'âge du mariage continue de reculer : 28 ans en moyenne pour les hommes, 23 ans pour les femmes. 40 % des individus en âge de se marier sont célibataires. À Téhéran, un mariage sur trois finit par une séparation, un taux quasiment comparable à celui de la Grande-Bretagne.
Les relations hors mariage sont devenues banales.
Un rapport du Parlement soulignait en 2014 que 80% des lycéennes avaient un petit ami et même « *des contacts sexuels* ». « *Téhéran pourrait faire passer Londres pour une ville conservatrice* », lance un jour un ami anglo-iranien au chercheur Afshin Shahi. « *Paradoxalement*, écrit ce dernier dans *Foreign Policy*, *c'est le puritanisme d'État – rigide, déconnecté des réalités et empressé à combattre le "vice" et à promouvoir la "vertu" – qui pourrait alimenter l'émergence de courants libéraux en Iran.* »

Rencontres ultra-codées

Le *khastegari*, c'est la rencontre arrangée, la première étape du mariage à l'iranienne. Dans les familles traditionnelles, les parents du jeune homme (la mère surtout !) identifient plusieurs brus potentielles. Ils se rendent dans leurs familles, rencontrent leurs parents, échangent des formalités… Si le père de la jeune fille demande qu'elle serve le thé, c'est que l'affaire est conclue. Les jeunes obtiennent le droit de se voir seul à seul, dans une pièce séparée.
Les *khastegari* peuvent aussi avoir lieu dans des lobbies d'hôtels et se transformer en *speed dating* familial. C'est moins intime, moins gênant en cas d'échec.
Dans les grandes villes, les jeunes n'ont plus besoin de leur mère pour rencontrer leur moitié. Le nombre de cafés à Téhéran a explosé, tout comme les sites de rencontres. Les fondateurs de Telegram, l'application de messagerie qui fait fureur en Iran avec 20 millions d'utilisateurs pour 80 millions d'habitants, ont même lancé leur propre version du site de rencontres Tinder. En hommage au *khastegari* de leurs parents, ils l'ont appelé *khastegram*.

À VOIR À LIRE

Red Rose
film de Sepideh Farsi (2014)
Juin 2009. Après la réélection contestée de Mahmoud Ahmadinejad, la jeunesse est dans la rue. Une militante qui tweete la révolution rencontre un homme de vingt ans son aîné, cloîtré dans son appartement, dans le nord bourgeois de Téhéran. Un film de fiction qui en raconte aussi long qu'un documentaire.

No Land's Song
film d'Ayat Najafi (2014)
Une jeune compositrice, Sara Najafi, veut organiser un concert à Téhéran avec trois Iraniennes et trois Françaises. Mais chanter devant un public mixte est interdit aux femmes. Un long combat s'engage contre la censure.

Les Pintades à Téhéran,
de Delphine Minoui
(éd. Jacob-Duvernet, 2007)
Un guide drôle et coloré pour plonger dans le quotidien des femmes iraniennes.

DANS LES COULISSES

Isabelle Eshraghi est née à Ispahan, sa ville de cœur, d'une mère française et d'un père iranien. Elle grandit en France, après avoir quitté l'Iran à l'âge de 3 ans. En 1996, elle revient pour la première fois en Iran et dresse le portrait de dix femmes d'Ispahan. « *Avec elles, j'ai cherché à comprendre quelle femme je serais devenue si j'étais restée.* » C'est ainsi qu'elle rencontre Mojgan, la mère des trois sœurs. Camelia et Nadia sont des enfants, Romina encore dans son ventre. La famille « à l'iranienne » lui ouvre ses portes.
Dix ans plus tard, elle cherche à sonder le destin de ces femmes d'Ispahan et retrouve Mojgan. Toujours femme au foyer, elle élève ses trois filles. Isabelle Eshraghi devient une sorte de tante éloignée, la copine de France qui a toujours son couvert à table et qui propose des balades le long du fleuve. Elle commence à prendre des photos à l'été 2012, « *naturellement, comme on boit du thé* », et prend plaisir à suivre, mois après mois, « *ces demoiselles qui grandissent* ». L'histoire prendra fin lorsque les trois sœurs seront mariées et auront quitté le nid familial.

ENTRETIEN

Wendy Watriss

LADY FOCUS

Dans l'Amérique des années 1960, Wendy Watriss s'est faite journaliste pour changer le monde. Passée à la photographie, elle a cofondé le premier festival international aux États-Unis. Son idée fixe : utiliser la photo pour connecter les gens.

Propos recueillis par Marie-Pierre Subtil

Essayez de visiter Paris Photo, au Grand Palais, avec Wendy Watriss. Vous faites trois mètres, un Argentin aux tempes grisonnantes lui tombe dans les bras, deux mètres plus loin un jeune Chinois l'interpelle, quelques pas et c'est un vieil ami tchèque. Photographes, directeurs de festivals ou de musées, éditeurs, galeristes, mécènes... Toute la profession connaît ses yeux pétillants et son sourire malicieux. Avec son mari, Fred Baldwin, elle est un jour à Cuba, le lendemain à Pékin. En 1986, inspirés par les Rencontres d'Arles, ils créent à Houston FotoFest, le premier festival international de photographie aux États-Unis. Depuis, ils ont tissé une toile, encouragé les jeunes talents dans les pays les plus fermés, permis aux Chinois de se montrer ailleurs qu'en Chine, aux Russes ailleurs qu'en Russie. Avec un objectif : changer la manière dont les gens comprennent le monde.

6Mois Vous avez d'abord été journaliste. Pourquoi avoir choisi cette voie ?
Au début des années 1950, j'avais 10-12 ans et je vivais en Grèce où mon père était diplomate. Quand nous allions à la campagne, dans le Nord, on ne voyait que des femmes en noir. Les hommes, partisans communistes, avaient tous été tués à la fin de la deuxième guerre mondiale. Ça m'a beaucoup marquée. La Grèce était l'un des centres nerveux des services secrets américains pendant la guerre froide, les États-Unis étaient très présents. J'étais très consciente de ce qui se passait. À mon retour aux États-Unis, c'était l'époque de la lutte pour les droits civiques et j'ai commencé à m'intéresser à la politique. Plus tard, j'ai passé un an en France et un an en Espagne puis je suis allée à la fac, en philo et littérature, aux États-Unis. Je ne voulais pas être fonctionnaire parce que j'étais contre la politique américaine, donc je suis devenue journaliste.

Il était facile de se lancer à l'époque ?
Je voulais me faire embaucher dans un magazine ou un quotidien national comme le *New York Times* mais il n'y avait pas de place pour les femmes en politique étrangère. On m'a proposé du travail dans les pages féminines ou comme documentaliste, alors que je parlais trois langues ! Au *New York Times*, Gloria Emerson était la seule femme à avoir brisé la glace. Elle avait commencé par la mode et était parvenue à se faire envoyer au Biafra pour y couvrir la guerre. Je me souviens avoir demandé une place de reporter au chef du bureau de *Newsweek* à Washington. Il m'a répondu : *« Vous le ferez pendant deux ans puis vous vous marierez, pas question de former quelqu'un qui ne reste pas ! »*

Vous êtes tout de même parvenue à vos fins...
Pour devenir reporter, j'ai dû partir pour la Floride. J'y suis restée un an, au *Saint-Petersburg Times*, puis j'ai entendu parler d'une expérience formidable, le lancement à New York de la première émission politique et culturelle à l'échelle nationale, calquée sur un programme canadien, financée par la Fondation Ford et diffusée sur le réseau des chaînes publiques. J'ai rejoint l'équipe qui était brillante, très bien informée, et couvrait le mouvement pour les droits civiques, la guerre du Vietnam, l'évolution de l'Europe centrale... À l'époque, au milieu des années 1960, il n'y avait pas de femmes réalisatrices à la télévision, pas de présentatrices, pas de femmes sur le terrain, que des monteuses. Au bout d'un an et demi, je suis devenue réalisatrice et j'ai coproduit un film sur la marijuana.

Pourquoi êtes-vous alors partie pour l'Europe centrale ?
Quelques mois après la diffusion de ce film, qui plaidait pour la dépénalisation de la marijuana, le producteur et moi avons été convoqués par la commission du commerce de la Chambre des représentants. Nous avons refusé de témoigner, de donner nos sources, nous avons pris des avocats et j'ai suggéré à la chaîne qui m'employait de m'envoyer en Europe centrale pour couvrir l'évolution du communisme. C'était une façon de quitter les États-Unis.

LE CHOIX DE WENDY WATRISS

WENDY WATRISS

Prague, février 1969
Au mémorial édifié en l'honneur de Jan Palach, l'étudiant qui s'est immolé pour protester contre l'invasion de la Tchécoslovaquie par les troupes du Pacte de Varsovie.

« Ce sont mes débuts dans la photo. Je travaillais comme journaliste pour la télévision et la radio et j'ai commencé à apprendre, seule, la photographie, tout en faisant un film pour la télévision américaine sur l'évolution du socialisme en Hongrie, en Tchécoslovaquie et en Roumanie. »

Que faisiez-vous en Europe centrale ?
J'étais pigiste, basée à Vienne, pour des magazines et pour le *New York Times*. Je faisais textes et photos – la photo m'a toujours intéressée, je pensais qu'elle disait plus que les mots. C'était très excitant. Je couvrais la Tchécoslovaquie – le printemps de Prague a eu lieu quatre mois après mon arrivée –, la Hongrie, la Roumanie... J'ai aussi travaillé à l'époque comme photographe en Afrique de l'Ouest. Et pendant ce temps-là, la commission de la Chambre des représentants continuait de nous harceler. CBS, la plus grosse chaîne télévisée des États-Unis, m'a proposé de travailler pour elle mais j'ai refusé, par conviction. Ça aurait violé mes idées sur la manière dont les médias se vendaient au gouvernement. Je voulais rester en dehors de tout ça.

C'est alors que vous avez rencontré Fred Baldwin, un photographe au parcours étonnant, enfant de bonne famille comme vous, engagé à 20 ans comme marine pendant la guerre de Corée, puis comme photographe dans le mouvement pour les droits civiques, grand voyageur allé à la rencontre des ours polaires aussi bien que de Pablo Picasso.
Fred avait un parcours incroyable, les mêmes valeurs que moi, et il fallait que je fasse équipe avec quelqu'un. Ce n'était pas facile à l'époque d'être une femme, seule, en reportage. Nous nous sommes lancés dans un projet : comprendre notre propre pays. Fred avait un cabriolet Mercedes, nous sommes partis avec une caravane de trois mètres accrochée derrière en direction du Texas, un État emblématique d'une société mâle, riche et blanche. On circulait sur les petites routes, on s'arrêtait plusieurs jours dans les différentes communautés. Un jour, on est tombés sur des collégiens qui marchaient le long de la route. Ils étaient tous noirs alors qu'officiellement il n'y avait pas de Noirs au Texas. C'était un moment révélateur, de ceux qui changent tout ce que vous croyez sur votre pays.

Et vous vous êtes engagés dans un travail qui a duré plusieurs années...
La première année, nous avons fait le tour de toutes les communautés, noire, hispanique, allemande. Nous les avons photographiées, enregistrées, en travaillant avec un historien. À l'époque, dans les années 1970, il était possible de voir physiquement les liens entre la géographie, l'histoire et la culture. Nous avons fait une grande exposition à Houston et une série de rencontres sur les Noirs au Texas. Personne ne connaissait leur histoire, il n'y avait rien à ce sujet dans les livres alors que c'était la troisième communauté de Noirs des États-Unis. Pour nous, c'était une découverte. Nous l'avons partagée et ça a changé la vision blanche, la manière de comprendre la politique au Texas. C'était un travail provocateur. Ensuite, nous avons reçu une bourse pour travailler sur la communauté d'origine allemande, et enfin nous avons passé deux ans sur une ferme de Noirs.

« Notre projet : comprendre notre propre pays. Nous sommes partis en direction du Texas, un État emblématique d'une société mâle, riche et blanche. »

C'est à cette époque que vous avez inventé une nouvelle manière de restituer les résultats de vos travaux journalistiques.
On enseignait l'histoire orale et la photographie à l'université d'Austin, au Texas. Nos étudiants, qui venaient des différentes communautés, allaient sur le terrain de maison en maison, prenaient des photos, écrivaient. Ça les a transformés, certains sont devenus journalistes, d'autres activistes. Plus tard, on a travaillé sur un projet explorant les frontières culturelles, basé sur les techniques du journalisme – la recherche documentaire, l'enquête, etc. On en a fait un spectacle. Sur scène, il y avait cinq étudiants, d'origine polonaise, mexicaine, allemande, anglaise, et afro-américaine. À tour de rôle, chacun lisait son histoire et l'histoire de sa communauté, il y avait derrière eux une projection de photos et entre chaque histoire un interlude musical.

Il n'y avait pas, pour vous, de frontière entre journalisme et militantisme ?

WENDY WATRISS

Est du Texas, 1978
Un cow-boy noir après un rodéo.

« À l'époque, je travaille avec Frederick Baldwin sur un projet qui nous prendra plusieurs années. Enquête, entretiens, enregistrements, photo... Nous utilisons toutes les techniques pour documenter les différentes communautés du Texas, comme un microcosme de l'histoire sociale des États-Unis. »

Nous utilisions les techniques journalistiques pour trouver les informations nécessaires au changement social, mais nous ne nous arrêtions pas là. Un matin, deux ranchers sont venus nous dire qu'ils étaient expropriés de leurs terres afin de laisser la place à une mine à ciel ouvert. Nous avons enquêté et décidé qu'il fallait recourir à un avocat. À l'époque, nous vivions avec 3 dollars par jour. Nous avons hypothéqué notre voiture, organisé un grand meeting, levé de l'argent, loué des encarts publicitaires. Ça a duré deux ans et nous avons gagné. C'était le journalisme auquel je croyais.

Pourquoi vous êtes-vous finalement installés à Houston ?
Notre histoire est liée à celle de Dominique de Ménil, une des filles de Conrad Schlumberger, le cofondateur du groupe d'équipements pétroliers Schlumberger. Française, elle avait fui Paris pour Houston avec son mari, Jean de Ménil, au début de la deuxième guerre mondiale. Intellectuels, proches des surréalistes, collectionneurs d'art, militants des droits humains, ils ont énormément œuvré pour faire de Houston une ville culturelle. Ils organisaient des expositions incroyables et ils étaient vraiment progressistes. Notre exposition sur les Noirs du Texas a eu lieu à l'Institute for Arts qu'ils avaient créé à l'Université Rice. Et quand Dominique de Ménil a créé un village d'artistes, elle nous a proposé de nous y installer au lieu de retourner à New York. Fred et moi y vivons toujours.

Vous avez été une des premières femmes à remporter une récompense au prestigieux World Press, en 1981, dans la catégorie « reportage ». Comment en êtes-vous arrivée là ?
Un jour, Gloria Emerson, du *New York Times*, est venue nous rendre visite à Houston. Nous avons discuté de la guerre du Vietnam, qu'elle avait couverte, et de l'utilisation de l'agent orange par l'armée américaine. Rien n'avait été dit dans les médias américains sur les maladies dont étaient atteints les vétérans empoisonnés. Ils n'étaient pas soignés, les autorités ne reconnaissaient pas les faits. J'ai donc commencé à travailler sur le sujet, puis je suis allée voir *Life*. Le magazine a financé l'enquête que j'ai menée pendant deux ans à travers les États-Unis. Le sujet a été publié non seulement dans *Life* mais aussi dans six ou sept magazines européens, il a été primé au World Press et par le prix Leica Oskar Barnack. Nous avons été invités à la remise du World Press à Amsterdam, puis aux Rencontres d'Arles.

« Les vétérans du Vietnam empoisonnés par l'agent orange n'étaient pas soignés, les autorités ne reconnaissaient pas les faits. »

Cette exposition a changé votre vie…
Les Rencontres d'Arles nous ont rendu un grand service. Elles nous ont ouvert les yeux. Nous nous sommes rendu compte de deux choses. Un, aux États-Unis, très peu de travaux photographiques produits ailleurs dans le monde étaient connus. Deux, les Rencontres d'Arles permettaient l'éclosion de nouveaux talents. Au retour, nous nous sommes demandé pourquoi il n'existait aucun événement de ce genre aux États-Unis. Et un matin, en prenant notre petit-déjeuner à Houston avec une amie allemande, nous avons décidé d'en créer un.

Comment êtes-vous parvenus à lancer FotoFest, le plus important festival international de photo des États-Unis, dans une ville éloignée de la côte Est et de la côte Ouest ?
Houston est une ville très entrepreneuriale. Il fallait faire les choses en grand, à la texane, mais nous n'avions pas un sou. J'étais toujours pigiste et Fred donnait des cours de photojournalisme à l'université. Nous avons invité les photographes que nous avions rencontrés à Arles, William Klein, Franco Fontana, Ikko Narahara et Helmut Newton, en leur proposant de photographier un rodéo. Helmut Newton a attiré toute la bonne société de Houston. Puis nous avons fait venir Jean-Luc Monterosso qui avait créé le Mois de la photo à Paris, et nous avons fait avec lui le tour d'éventuels mécènes, en leur expliquant que ce qui était bon pour Paris pouvait être bon pour Houston.

WENDY WATRISS

Austin, 1981
Sur la place du Capitole du Texas.

« Dan Jordan, qui a manipulé l'agent orange, ces défoliants répandus par l'armée américaine au Vietnam, a de sérieux problèmes de santé. Ses deux fils sont nés avec des malformations. Il leur manque des doigts et des os dans les poignets et les bras. Chad, 10 ans, vient de prononcer quelques mots en public, le jour des Vétérans. Ce projet, qui a gagné un World Press, n'était pas seulement photographique. J'ai enquêté, écrit des articles, travaillé avec les vétérans à l'élaboration de lois en leur faveur. Je voulais que les choses changent, à la fois pour eux et en ce qui concerne l'utilisation de ces produits chimiques. »

Et finalement nous avons reçu l'aide d'une fondation.

Vous avez tout de suite vu grand ?
L'idée, dès la première édition en 1986, était d'associer les musées, les galeries et toutes les institutions culturelles de la ville, en leur suggérant d'organiser leurs propres expositions aux côtés des nôtres. Le musée des Beaux-Arts a montré le travail de Robert Frank, et il est venu. Il y avait aussi une exposition de la Bibliothèque nationale de France. Nous avons lancé FotoFest avec une soixantaine d'expositions, grâce aux liens que nous avions tissés en Europe, à Amsterdam avec le World Press et à Arles.

En quoi votre expérience de journaliste vous a-t-elle aidés, Fred Baldwin et vous, à développer l'événement ?
Notre objectif était de créer une plateforme d'échanges internationaux, de connecter des gens du monde entier qui ne se connaissaient pas, et de permettre à des photographes de montrer leur travail, alors qu'ils ne pouvaient même pas être exposés dans leur propre pays pour cause de régime autoritaire. Avant la chute du Mur de Berlin, nous avons invité des photographes de l'Est, nous avons fait des conférences sur l'Europe centrale, puis nous avons participé à un festival en Bulgarie. J'y avais été invitée pour montrer mon histoire sur l'agent orange et un autre travail, sur le Mémorial des vétérans du Vietnam à Washington, alors que jamais des travaux américains n'avaient été exposés dans ce pays. Notre idée était de créer un réseau international. Pas seulement de photographes, mais aussi de professionnels du monde de la photo, des éditeurs, des galeristes, des collectionneurs, des responsables de musées, en les invitant comme lecteurs de portfolios. Le monde n'était pas le même qu'aujourd'hui. C'était la guerre froide et les gens ne voyageaient pas comme maintenant. Petit à petit, les festivals de photo se sont multipliés dans le monde entier et un réseau s'est créé.

« Pour moi, la différence entre la photographie d'art et le photojournalisme, c'est la différence entre la poésie et l'essai. »

C'était le début de la mondialisation des échanges photographiques...
Oui. Par exemple, dans les années 1990, nous avons été invités à un nouveau festival à Buenos Aires. Un des photographes exposés était finlandais. C'était l'aboutissement d'une rencontre entre un Finlandais et un Argentin au festival de Houston. Depuis, ces rencontres improbables se reproduisent régulièrement.

Pourquoi FotoFest, qui exposait à ses débuts des travaux photojournalistiques et artistiques, se consacre-t-il aujourd'hui surtout à l'art ?
Ce qui compte, selon moi, c'est la capacité d'une œuvre à changer la manière dont les gens comprennent le monde. Cela concerne le travail journalistique, le travail conceptuel, toutes les sortes d'expressions visuelles.

Vous ne pensez pas que les histoires humaines ont plus d'impact ?
Non, je ne le pense pas. Les histoires humaines peuvent être plus touchantes et comprises par un public plus large, parce qu'elles sont plus faciles à comprendre dans la mesure où elles parlent le langage visuel de tous les jours. Mais c'est un argument contestable. Regardez *Guernica*. C'est un très bon exemple, qui montre bien que l'art conceptuel exprime la condition humaine. C'est un langage abstrait mais on y fait souvent référence, dans la littérature, dans les discussions. La différence entre le photojournalisme et la photo d'art, c'est le public. Nous n'avons pas été capables de rendre accessible au plus grand nombre certaines formes d'expression visuelle. L'art est élitiste. Énormément de gens n'y ont pas accès parce qu'ils ne le comprennent pas. Beaucoup d'Américains ne sont jamais entrés dans un musée.

Pour ce public, le photojournalisme est plus facile d'accès.
Je suis d'accord. Mais ce n'est pas la faute des autres formes d'expression si elles restent confinées à une élite riche et éduquée. Ça n'a pas toujours été le cas ; l'art africain, par exemple, faisait partie de la vie quotidienne des villages. Pour moi,

ANNA SKLADMANN / FOTOFEST HOUSTON

Nikita et Alina à l'ambassade italienne
Extrait d'une série d'Anna Skladmann sur les enfants de nouveaux riches russes, « Les petits adultes ».

« En 2012, le thème de FotoFest était la photographie russe contemporaine. Nous avons mis l'accent sur la perestroïka et la réémergence d'une création forte en Russie. La plupart des photographes exposés étaient inconnus du public américain et ouest européen. »

la différence entre la photographie d'art et le photojournalisme, c'est la différence entre la poésie et l'essai. Notre dernier festival était consacré à l'environnement. Pour comprendre ce qui se passe sur la terre, il y a deux voies, l'approche poétique et l'approche journalistique.

Quel a été l'impact de cette édition ?
Notre objectif était de montrer à la fois la beauté et la diversité du monde, et sa destruction. Beaucoup de gens m'ont dit que ça avait changé leurs habitudes. Certains n'utilisent plus de plastique, d'autres ont arrêté de manger de la viande. Une personne m'a confié qu'elle avait pleuré en voyant les photos de Chris Jordan sur les restes d'albatros morts d'avoir ingéré du plastique.

Quelle leçon en avez-vous tirée ?
Ce que j'ai appris de ce dernier festival, en particulier avec ce sujet sur la terre, c'est que la photo a un vrai rôle révélateur, plus important que je ne le pensais. Nous sommes environ 54 % de la population mondiale à vivre dans des villes. Nous n'avons aucun contact avec la nature, nous sommes incapables de comprendre sa dynamique. Que faire pour changer le cours des choses, changer l'opinion ? Nous avons besoin de la science et de la politique, mais nous avons aussi besoin de créer une approche différente, de montrer combien l'humanité est liée à la nature et ce que la nature peut tolérer. La plupart des scientifiques disent qu'il sera impossible de créer l'eau, or nous utilisons plus d'eau que la terre n'en produit. Dieu merci, on en parle plus aujourd'hui qu'auparavant, mais ce n'est pas

« La photo est l'intermédiaire. C'est un élément vital en faveur du changement. Seulement, pour que ça marche, il faut surprendre. »

intégré dans la vie quotidienne des gens. Ce que la photographie peut faire, c'est le leur montrer. La photographie est l'intermédiaire. C'est un élément vital en faveur du changement. Seulement, pour que ça marche, il faut surprendre les gens et prolonger le travail à travers des conférences et les réseaux sociaux. Il faut utiliser tous les moyens disponibles, et surtout montrer l'implication des photographes. Nous les implorons de ne pas parler technique. Peu importe la manière dont ils ont pris la photo. Ce qui compte, c'est pourquoi ils l'ont faite et en quoi ils ont été affectés en la faisant. Cette année, nous avons organisé une rencontre avec trois photographes du *National Geographic*. Il y avait 500 personnes et nous avons dû refuser du monde. Ça a duré des heures, le public était avide.

Vous avez toujours été passionnée par le changement social. Vous qui avez vécu l'âge d'or du journalisme, à l'époque de *Life*, comment vivez-vous son évolution ?
Si j'ai commencé par travailler pour la presse écrite, puis la télévision et le photojournalisme, c'est parce qu'à l'époque le journalisme avait une vraie influence sur le pouvoir. Une dizaine de journaux et quelques chaînes de télévision étaient suivis par ceux qui prenaient les décisions, et travailler pour eux, c'était avoir la chance d'influer sur le cours des choses. Aujourd'hui, ces médias ont disparu ou ont été fragmentés. Pratiquement plus personne n'enquête sur la politique locale. Les gens voyagent plus mais sont moins bien informés. En 2008, quand nous avons fait une biennale sur la Chine, nous avons fait une réunion d'information pour le personnel et les bénévoles : 90 % d'entre eux ne savaient pas ce qu'était le communisme et n'avaient jamais entendu parler de la révolution culturelle. Il y a des jeunes brillants, bien éduqués, mais ils sont minoritaires, alors que dans les années 1950, 1960, 1970, avec les mouvements féministes, contre la guerre du Vietnam, pour les droits civiques, la jeunesse américaine était vraiment bien informée.

Êtes-vous pessimiste pour l'avenir ?
Nous avons eu tellement de chance, nous Américains, Européens... Deux générations ont connu la paix, ont profité des ressources de la terre. Je crois que nous serons jugés durement. Le système capitaliste, que je soutiens, commence à atteindre la limite de son efficacité. Ça m'intéresse beaucoup de voir si les politiciens, les économistes, les techniciens, seront capables de fournir une alternative •

WU GAO ZHONG / FOTOFEST HOUSTON

***Cat, reply is positive*, Pékin, 2003**

« Cette image de Wu Gao Zhong est sur la destinée. La destinée des humains et celle des animaux, les uns dépendant des autres. Nous avons exposé ce travail en 2008. La biennale était consacrée à la Chine depuis 1934. L'idée était de montrer l'évolution de la photo dans une nation où son histoire est très particulière, à cause des soubresauts politiques et sociaux. »

POUR EN SAVOIR PLUS

Wendy Watriss

1943
Naissance à San Francisco (Californie).

1968-1969
Journaliste pigiste en Europe centrale, au moment du Printemps de Prague.

1970
Rencontre à New York le photographe Frederick Baldwin, son futur partenaire professionnel et plus tard son mari.

1972-1980
Réalise avec Fred Baldwin un travail documentaire sur le Texas rural et ses différentes communautés.

1981
Obtient le World Press, dans la catégorie « reportage », et le prix Oskar Barnack, de Leica, pour un travail publié dans *Life Magazine* sur les conséquences de l'utilisation de l'agent orange par l'armée américaine pendant la guerre du Vietnam. Découvre les Rencontres d'Arles.

1986
Lance FotoFest, premier festival international de photo aux États-Unis, avec Fred Baldwin, à Houston (Texas).

1990-2014
Directrice artistique et co-organisatrice de FotoFest.

2016
Commissaire et conseillère de FotoFest, qui a pour thématique cette année l'avenir de la planète.

Gloria Emerson, la pionnière

DOROTHY MARDER

Le 11 mai 1975, à une fête marquant la fin de la guerre du Vietnam.

Deux jours avant sa disparition, Gloria Emerson (1929-2004) avait écrit sa propre nécrologie telle qu'elle aurait pu paraître dans le *New York Times*. Elle y expliquait combien, alors qu'elle cherchait à se faire embaucher par ce journal dans les années 1960, sa vie *« en dépendait »*. Ce fut un long combat, entamé avec des articles *« sur les chaussures et les vêtements, sous l'œil du service publicité »*. Elle finit par couvrir la guerre du Biafra puis l'Irlande du Nord, mais la grande affaire de sa vie, c'est le Vietnam. Elle voulait couvrir cette guerre autrement que les autres, qu'elle estimait obnubilés par l'aspect militaire. Elle, elle raconte la drogue chez les soldats américains, les erreurs dans les bilans humains et les souffrances du peuple vietnamien. Elle en fera un livre, *Winners and losers*.
Un de ses entretiens, avec John Lennon et Yoko Ono, provoque la polémique : à plusieurs reprises, elle assure que les Beatles auraient pu mettre un terme au conflit s'ils avaient chanté devant les troupes américaines.
Toujours préoccupée par le sort des populations en guerre, elle passera un an à Gaza et en tirera *A Year in the Intifada*, un ouvrage qui lui fera perdre beaucoup d'amis. Hantée par ce qu'elle avait vu au cours de sa carrière, elle plaisantait en disant qu'un jour elle se ferait faire une lobotomie. Son amie Jackie Kennedy Onassis lui avait écrit, peu avant de mourir : *« Pour l'homme de la rue, je suis incroyable, mais je pense que tu l'es plus que moi. »*

Dominique de Ménil, la mécène

Née à Paris, Dominique de Ménil (1908-1997) est l'une des héritières de la société de services pétroliers Schlumberger, fondée par son père et son oncle. Elle suit des études de physique et de mathématiques à la Sorbonne et rencontre Jean de Ménil en 1930. Ils auront cinq enfants. Le couple fuit la France occupée par l'Allemagne nazie en 1941 pour s'installer à New York, puis à Houston, siège du groupe Schlumberger.
Les Ménil complètent alors leur collection d'art contemporain entamée à Paris. Particulièrement intéressés par le lien entre l'art et la religion, ils créent en 1954 la fondation Menil. Ils font construire en 1971 la chapelle Rothko, un espace de méditation orné d'œuvres du peintre. Très impliqués dans la lutte pour les droits civiques, ils dédient une sculpture, *Broken Obelisk*, de l'artiste Barnett Newman, à Martin Luther King, et l'offrent à la ville de Houston. Celle-ci refuse le cadeau ce qui provoque une polémique. L'œuvre se trouve aujourd'hui en face de la chapelle Rothko.
Dominique de Ménil s'engage dans des causes humanitaires et fonde avec Jimmy Carter la fondation Carter-Menil, qui décerne son premier prix à Nelson Mandela. Après la mort de son mari en 1973, elle confie à Renzo Piano, architecte du Centre Pompidou à Paris, la construction à Houston de la Menil Collection, un musée où une partie de leur collection est exposée.

Le World Press Photo et les femmes

Organisation fondée en 1955 et basée à Amsterdam, le World Press Photo a pour but d'encourager le développement du photojournalisme. Il est connu pour son prestigieux concours annuel, qui récompense non seulement une photographie de l'année, mais aussi neuf travaux plus larges (dans les catégories sport, nature, « long terme », etc.) et un projet multimédia. Les images des gagnants sont réunies dans une exposition qui parcourt quarante pays et touche plus de 4 millions de visiteurs chaque année.
La première femme à remporter le World Press Photo de l'année a été la photographe française Françoise Demulder (1947-2008). C'était en 1977, vingt-deux ans après la création du concours.
Sur 5 775 photojournalistes ayant soumis leurs images en 2016, seuls 15 % étaient des femmes. Parmi les gagnants, toutes catégories confondues, 17 % étaient des femmes. *« La photographie reproduit la hiérarchie du pouvoir dans la société, de plusieurs façons. Les hommes photographient les femmes, les Blancs photographient les Noirs »*, affirmait le Bangladais Shahidul Alam à l'occasion d'un débat sur la diversité organisé par le World Press Photo.

Les albatros de Chris Jordan

Chris Jordan est né en 1963 à San Francisco. Après une courte carrière dans le droit, il s'installe à Seattle, dans l'État de Washington, et devient artiste photographe à plein-temps. Son objectif est de montrer les enjeux du consumérisme. De 2006 à 2009, il réalise une série de photomontages, *Running the Numbers*, pour montrer l'ampleur des statistiques sur la consommation de masse américaine. Chaque image représente une quantité spécifique d'objets, par exemple 65 000 cigarettes, pour les 65 000 adolescents américains qui commencent à fumer tous les mois.
Exposé au festival FotoFest 2016, son projet *« Midway : Message from the Gyre »*, montre des bébés albatros morts d'avoir ingéré des déchets de plastique dérivant au cœur de l'océan Pacifique. Le tournage d'un documentaire sur ces oiseaux menacés d'extinction est en cours. *« Me pencher au-dessus de ces carcasses revient à me regarder dans un miroir macabre »*, dit-il.

CHRIS JORDAN

Un bébé albatros sur une île du Pacifique. Extrait de « Midway : Message from the Gyre », une série sélectionnée par le prix Pictet.

À VOIR À LIRE

Racing extinction
documentaire de Louie Psihoyos (2016)
Le tour du monde des espèces en voie de disparition par une équipe d'artistes et de militants. Un film recommandé par Wendy Watriss.

Looking at the U.S., 1957-1986
de Frederick Baldwin et Wendy Watriss (éd. Mets & Schildt, Amsterdam, 2009)
Trois décennies dans l'histoire récente des États-Unis, par deux grands photographes, en noir et blanc. Un livre édité par Xavier Canonne, le directeur du musée de la Photographie de Charleroi (Belgique), avec de nombreux textes, en anglais et en français.

Loving Graham Greene
de Gloria Emerson (éd. Jacqueline Chambon, 2007)
Le seul livre de la journaliste américaine traduit en français, et son seul roman. Le fruit de sa fascination pour le romancier anglais, qu'elle avait interviewé en 1978 pour *Rolling Stone*.

PARADIS CACHÉS

Les plus grandes firmes s'y réfugient, les plus grands criminels aussi. Portés par la mondialisation, les paradis fiscaux prospèrent en toute discrétion. **Paolo Woods** *et* **Gabriele Galimberti** *ont écumé la « planète zéro taxes » avec un objectif : donner à voir l'invisible.*

ÎLES VIERGES BRITANNIQUES

Entre Porto Rico et la Guadeloupe, l'un des centres offshore les plus actifs de la planète. Il compte 850 000 sociétés pour 28 000 habitants. Ce jour-là, le premier ministre, l'homme en cravate beige, se rend à une conférence pour les professionnels de la finance. On y parle lanceurs d'alerte et moyens de s'en prémunir. Parmi les invités, le premier ministre des Bermudes et le chef du gouvernement de Gibraltar.

Mr Neil Smith est le secrétaire d'État aux finances des îles Vierges britanniques. En 2013, le scandale Offshore Leaks a dévoilé l'identité de centaines de propriétaires de sociétés immatriculées ici. Il ne s'agit pas forcément de fraude, la plupart des multinationales utilisent ces juridictions très accueillantes pour « optimiser » leur contribution fiscale en toute légalité.

ÎLES CAÏMANS

Cinquième plus gros centre financier du monde, les îles Caïmans comptent deux fois plus de sociétés que d'habitants. La plupart sont des coquilles vides, elles n'emploient personne sur place. Seule trace de leur existence, ces boîtes postales gérées par un prestataire de services.

PANAMA

Avocat d'affaires, Adolfo Enrique Linares gère des sociétés pour le compte de tiers. Évidemment, il défend le droit du Panama à mettre en œuvre la politique financière de son choix.

DELAWARE

Wellington est la capitale de l'État du Delaware, aux États-Unis. On y trouve des bureaux, des parkings et des centaines de milliers de sièges sociaux virtuels. Plus de la moitié des entreprises américaines cotées en Bourse y sont immatriculées. Les bénéfices réalisés hors de ses frontières ne sont pas imposés. Pour créer une entreprise ici, pas besoin de présenter une pièce d'identité, une signature suffit.

APC
APC

GUERNESEY

L'argent abrité dans les juridictions offshore n'y transite jamais physiquement, tout passe par l'informatique. Ce serveur ultra-sécurisé, lui, héberge les données d'une centaine de sites de paris en ligne basés sur l'île voisine d'Aurigny, où les jeux d'argent ne sont pas taxés.

CITY DE LONDRES

Fiona Woolf était en 2014 le lord maire de cette autorité au statut spécial qui édicte ses propres lois au cœur de la capitale britannique. La City est le plus gros exportateur mondial de services financiers. Elle est souvent considérée comme la « tour de contrôle » du système, en raison de ses liens avec les anciens confettis de l'empire devenus paradis fiscaux.

JERSEY

Quarante-deux groupes bancaires sont présents sur cette île anglo-normande de 8 kilomètres sur 15. Le gouvernement propose aux particuliers gagnant au moins 900 000 dollars par an le statut de résident, synonyme de fiscalité avantageuse. Une seule condition : acquérir une propriété de luxe, comme celle-ci, affichée 11 millions d'euros.

LUXEMBOURG

En 2015, le Grand-Duché a été placé en sixième position sur la liste des juridictions les plus opaques du monde par le Tax Justice Network, un réseau de chercheurs et de militants. Un an plus tôt, le scandale LuxLeaks exposait au grand jour les largesses fiscales accordées en toute discrétion à plus de 340 multinationales. Le cabinet d'audit PricewaterhouseCoopers, d'où est partie la fuite, a refusé d'ouvrir ses portes aux photographes.

PAYS-BAS

566 Herengracht, Amsterdam : c'est l'adresse à laquelle le groupe rock irlandais U2 a domicilié une partie de ses revenus. Les Pays-Bas offrent un taux d'imposition sur les droits d'auteur proche de zéro. La plupart des compagnies minières utilisent la même ficelle. Ironiquement, Bono, le leader de U2, a activement soutenu la campagne « Publish what you pay » (« Rendez public ce que vous payez ») exigeant plus de transparence sur les activités financières de ces entreprises.

SINGAPOUR

Le directeur d'une société spécialisée dans le stockage d'œuvres d'art, dans le port franc de Singapour, un no man's land fiscal. Équipée de reconnaissance biométrique, de plus de 200 caméras et de portes de sept tonnes, la salle des coffres est l'un des endroits les plus sécurisés de la planète.

HONGKONG

La bourse de Hongkong est la troisième d'Asie derrière celles du Japon et de Shanghaï. Ici, ouvrir une société immatriculée dans les îles Vierges britanniques est tellement commun que cela se dit en un verbe : « to BVI », comme les initiales du pays en anglais, British Virgin Islands.

Adrian Cheng, directeur général du groupe Chow Tai Fook, avec ses communicants. Joaillerie, transports, télécommunications, casinos... À 37 ans, Cheng est à la tête d'un empire qui pèse plus de 50 milliards de dollars. Basé à Hongkong, le groupe est constitué d'un réseau d'entreprises domiciliées aux îles Vierges britanniques, dans le Delaware ou aux îles Caïmans.

DBS
DBS

SINGAPOUR

Le Marina Sand Bay Hotel et sa piscine légendaire au 57e étage accueillent la plupart des conférences financières organisées à Singapour. Les photographes ont tenté de se faufiler à l'un de ces congrès : en moins de cinq secondes, ils étaient encerclés par la sécurité.

« À UN MOMENT, VOUS DITES STOP »

Le regard des États sur les paradis fiscaux a radicalement changé depuis la crise financière de 2008, constate Pascal Saint-Amans, responsable de la fiscalité à l'OCDE.

6MOIS Vous qui baignez dans l'univers des paradis fiscaux, que pensez-vous des images de Paolo Woods et Gabriele Galimberti ?
La démarche est intéressante mais ce que vous voyez sera bientôt une image du passé. Vous avez deux volets dans les paradis fiscaux : les entreprises qui placent leurs bénéfices dans des coquilles vides, et les riches qui profitent de l'opacité pour dissimuler de l'argent. Sur le deuxième volet, le secret bancaire, les choses se sont beaucoup améliorées. D'ici 2018, il faudra fréquenter les mêmes avocats que les trafiquants de drogue pour frauder le fisc, ce n'est pas la même chose que d'aller à Genève voir une banque protestante installée depuis deux cents ans.

Pas trop tôt, non ?
Longtemps, nos États ont refusé toute régulation fiscale internationale au nom du principe de souveraineté. C'est absurde, parce que ceux qui profitent de la mondialisation ont une vision globale, ils jouent des interstices entre les souverainetés. Tout le monde le sait mais il faut une crise pour que les gens se réveillent.

C'est ce qui s'est passé en 2008 ?
Dès 2007, avec les subprimes, les politiques commencent à se dire que la finance ressemble au casino. Quelques mois plus tard éclate le scandale du Liechtenstein. Le Liechtenstein, c'est trois maisons au bord du Rhin et un château dans la montagne : on découvre que des milliards sont planqués là. Les gouvernements, qui viennent de passer vingt ans à baisser les impôts pour retenir le capital, réalisent que les plus riches continuent de frauder massivement.

Puis arrive la crise financière...
Exactement. Six mois plus tard, les États doivent mettre des centaines de milliards d'argent public sur la table pour sauver des banques dont ils savent qu'elles facilitent la fraude. Et comme tout ça coûte très cher, il faut augmenter les impôts. Comment expliquez-vous aux gens que vous augmentez les impôts alors que les riches peuvent tricher parce que vous tolérez l'opacité ? À un moment, vous dites stop.

Que se passe-t-il concrètement ?
Jusqu'ici, on ne s'attaquait qu'aux petits. En octobre 2008, à Paris, pour la première fois, les politiques disent : *« Les paradis fiscaux, c'est aussi la Suisse. »* Puis le G20 appelle à mettre fin au secret bancaire et charge l'OCDE de dresser une liste des pays qui le pratiquent. Suisse, Luxembourg, Singapour, Hongkong... Les uns après les autres, tous acceptent de coopérer. Ils craquent parce qu'ils se disent : *« Si tout le monde change sauf moi, je risque d'avoir une réputation pourrie et de perdre tous mes bons investissements. »*

Donc la liste est un moyen de pression efficace ?
Extrêmement efficace, à condition de pouvoir en sortir. Si c'est juste une liste punitive pour dire : *« Oh, les vilains ! »*, ça ne change rien. Une bonne liste, c'est une liste qui se vide. La difficulté, c'est de placer la barre. La porte de sortie doit à la fois être accessible et permettre des progrès significatifs. Ensuite, vous montez les exigences. C'est comme cela qu'on est passé de « l'échange de renseignements à la demande » à « l'échange automatique » après l'affaire Swissleaks.

Quand on voit l'attitude du Panama, les choses sont loin d'être réglées...

Considéré comme un acteur-clé des changements intervenus ces dernières années, ***Pascal Saint-Amans*** *dirige le pôle fiscalité de l'Organisation de coopération et de développement économiques (OCDE). Il pilote la lutte contre l'évasion et la fraude fiscales dans le cadre du Forum mondial sur la transparence.*

C'est pour ça que chaque État est jugé sur le respect de ses engagements dans le cadre du Forum sur la transparence. Si les résultats sont mauvais, on formule des recommandations et si les choses ne bougent pas, on sort le bâton. Panama a longtemps traîné des pieds mais, en six ans, sur 1 000 recommandations, 800 ont été appliquées. Nous ne sommes pas naïfs, il va falloir être très exigeant dans le suivi, mais il n'y a plus d'ambiguïté : le secret bancaire, c'est fini.

Comment réagit le monde des affaires quand vous expliquez que c'est la fin de la récré ?
Au début, je me faisais insulter. Un jour, le PDG d'une grande banque suisse m'a dit : *« Ah, Monsieur Saint-Amans, vous êtes bien français ! En France, on sème des impôts et on récolte des fonctionnaires. »* Mais vous savez quoi ? Je viens de recevoir un message de la Fédération des banques suisses. Leur président prend sa retraite : on m'a demandé d'écrire un mot dans le livre d'or... Le milieu a compris que les changements sont inéluctables.

Alors les paradis fiscaux, c'est fini ?
Non, parce qu'il y a le second volet, les entreprises qui déclarent leurs profits dans des juridictions où elles n'ont pas d'activité. Les Bermudes hébergent 2 100 milliards de dollars de profits de sociétés américaines. À elle seule, Apple cumule près de 200 milliards. Ce n'est pas taxé aux Bermudes où il n'y a pas de fiscalité. Ce n'est pas taxé aux États-Unis, et ce n'est pas taxé en Europe où Apple vend ses produits. En fait, ce n'est taxé nulle part et c'est légal.

Comment est-ce possible ?
Au départ, il y a un problème fiscal : quand une entreprise conçoit aux États-Unis, fabrique en Chine et distribue en France, qui récupère les taxes ? Théoriquement, les filiales des entreprises sont obligées de se vendre les biens entre elles de manière à calculer le profit réalisé dans chaque pays. Apple Chine vend à Apple France, ça détermine le profit réalisé par la filiale chinoise. Mais la vraie valeur vient de l'ingénierie aux États-Unis. Apple US devrait donc récupérer une partie du profit. Sauf qu'aujourd'hui vous avez de bons avocats, vous faites les contrats que vous voulez. Donc Apple crée une société aux Bermudes qui finance ses investissements en Californie. En échange, cette société devient propriétaire de la marque... et engrange les bénéfices. Ce n'est qu'un schéma parmi d'autres, les combines sont multiples.

Comment lutter contre ça ?
Il faut changer fondamentalement les règles fiscales internationales pour aligner la localisation des profits sur celle des activités. C'est ce que l'OCDE est en train de faire avec un plan appelé BEPS [*Base Erosion and Profit Shifting*, « érosion de la base d'imposition et transfert de bénéfices »]. Les entreprises seront obligées de détailler leur chiffre d'affaires, leurs profits et leurs activités pays par pays. Ensuite, il y a le problème des conventions fiscales bilatérales. Il y en a 3 600 dans le monde mais il suffit de créer une boîte vide dans un pays tiers pour les détourner. On va faire une convention multilatérale. Je vous passe le détail, il y a quinze mesures comme ça. Quarante-quatre pays ont déjà signé le plan, c'est 90 % de l'économie mondiale. Reste à l'appliquer •

Propos recueillis par Mathilde Boussion

« Comment expliquer les hausses d'impôts alors que les riches trichent parce que vous tolérez l'opacité ? »

POUR EN SAVOIR PLUS

Qu'est-ce qu'un paradis fiscal ?

Il n'existe aucune définition juridique des paradis fiscaux. Depuis 1998, l'Organisation de coopération et de développement économiques (OCDE) propose quatre critères permettant de les identifier : fiscalité nulle ou proche de zéro ; manque de transparence ; refus ou réticence à communiquer des renseignements à des pays tiers ; tolérance envers les « coquilles vides », les sociétés enregistrées dans une juridiction sans y mener aucune activité. De plus en plus, on parle également de « finance offshore ». Littéralement, *offshore* signifie simplement « loin des côtes ». En pratique, l'usage en a fait un synonyme politiquement correct de paradis fiscal. Immatriculer une société offshore n'a rien d'illégal mais dissimuler son existence et ses activités aux autorités fiscales de son pays de résidence constitue une fraude. Si le montage permet de réduire l'impôt de manière légale, on parle d'optimisation ou d'évasion fiscale.

Les milliards évaporés

Les sommes cachées dans des juridictions opaques sont difficiles à évaluer. L'étude la plus sérieuse suggère que 8 % de la fortune mondiale détenue par des particuliers serait placée dans des centres offshore, soit 5 800 milliards d'euros. Son auteur, l'économiste Gabriel Zucman, estime que 80 % de cette somme ne serait pas déclarée. Côté entreprises, les pratiques d'optimisation fiscale agressives coûteraient entre 100 et 250 milliards de dollars aux États chaque année, d'après les calculs de l'OCDE. C'est le chiffre officiel, mais *« la vérité est probablement de l'ordre de 500 milliards »*, souffle un responsable de l'organisation.

Forum mondial, G20 et OCDE

Entre trente et cinquante pays sont régulièrement montrés du doigt pour leurs pratiques opaques. Officiellement, tous ont pris des engagements pour mettre fin au secret bancaire dans le cadre du Forum mondial sur la transparence. Dépendant de l'OCDE, le Forum mondial est l'institution qui pilote la lutte contre la fraude fiscale au nom du G20. Sur le papier, ses 134 membres ont accepté le principe de l'échange de « renseignements à la demande ». Il oblige un État sollicité par l'administration fiscale d'un pays tiers à communiquer les informations dont il dispose. En pratique, les changements prennent du temps : treize pays dont la Suisse et le Panama ne possédaient toujours pas la réglementation requise en 2014. Alors que l'organisation s'apprête à passer à l'étape suivante avec la généralisation de « l'échange automatique de renseignements », son standard est critiqué : certains organismes financiers auraient déjà trouvé le moyen de contourner les nouvelles règles.

Onze « paradis » visités par Gabriele Galimberti et Paolo Woods

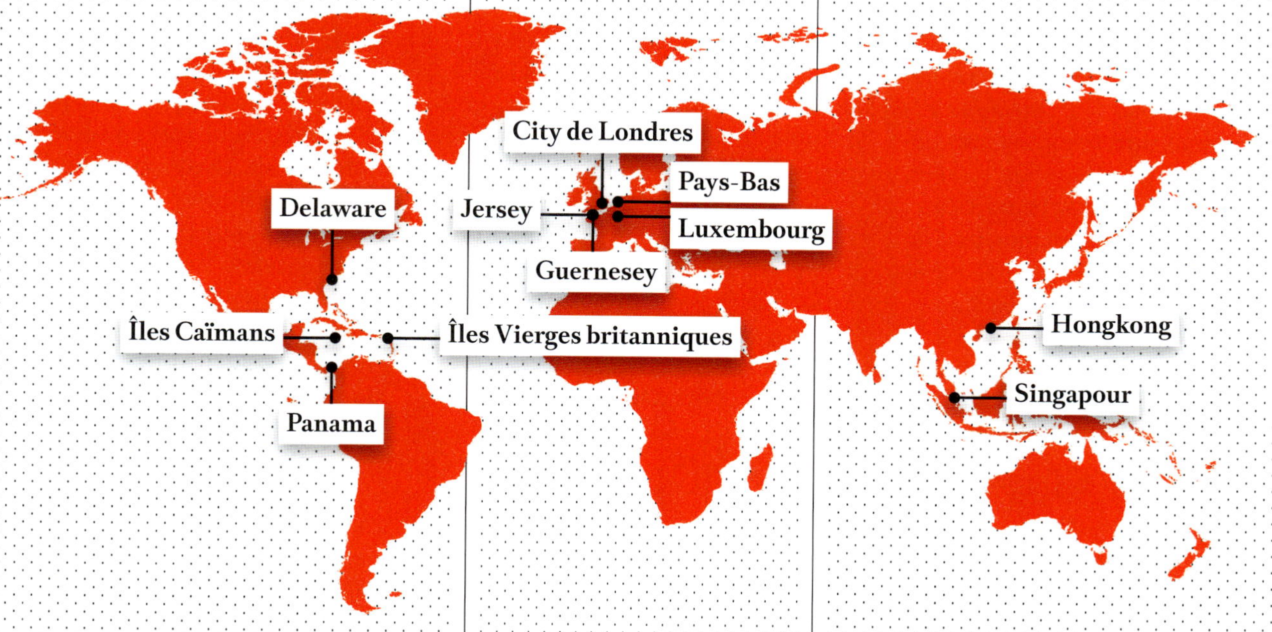

Officiellement, plus aucun État ne figure sur la liste des « juridictions non-coopératives » de l'OCDE, mais les arrangements avec la fiscalité perdurent. Jusqu'à quatre-vingts noms figurent sur les diverses « listes noires » compilées par les États ou les organisations non gouvernementales. Parmi eux : Suisse, Panama, Luxembourg, Singapour, Pays-Bas, Irlande, Bermudes...

Les champions de l'évasion

Chaque année, les organisations non gouvernementales Citizen for Tax Justice et le PIRG Education Fund établissent un classement des entreprises américaines les plus friandes de montages fiscaux d'après les données du fisc américain. Morceaux choisis de l'édition 2015* :

Apple héberge 180 milliards de dollars de profits dans des juridictions offshore, c'est plus que n'importe quelle autre entreprise américaine.

PepsiCo a dispersé 38 milliards de dollars dans 132 filiales dont 26 au Luxembourg, 32 aux Pays-Bas, 15 aux Bermudes, 9 à Hongkong.

Morgan Stanley, Bank of America, Citigroup, JPMorgan-Chase, Goldman Sachs et Wells Fargo, six institutions financières renflouées par le Trésor américain en 2008, détiennent 412 filiales basées à Chypre, Hongkong, Malte, l'île Maurice, Panama...

Merck, le géant du médicament, héberge 60 milliards de dollars dans 121 structures offshore.

Exxon Mobil héberge 51 milliards de dollars de profits dans 37 filiales offshore dont 22 aux Bahamas et 7 aux Pays-Bas.

* *Source : « Offshore Shell Games 2015 », U.S. PIRG Education Fund and Citizen for Tax Justice.*

« Double irlandais » et « sandwich hollandais »

En trente ans, les entreprises américaines ont multiplié par dix la part de leurs profits hébergée dans des centres offshore. *« Ça s'appelle le capitalisme ! »*, lâchait fièrement Eric Schmidt, le président du conseil d'administration de Google, en 2012. Cette année-là, des documents révèlent que le moteur de recherche ne verse que 6 millions de livres (7,6 millions d'euros) au fisc britannique alors qu'il vient de réaliser 395 millions de livres de profits (500 millions d'euros) au Royaume-Uni. Pour réduire la facture en toute légalité, Google utilise deux ficelles devenues des classiques. Dans un premier temps, la firme déclare ses bénéfices en Irlande, où ils ne sont imposés qu'à hauteur de 12,5 %. Encore trop pour le moteur de recherche qui crée une deuxième filiale, une société hybride, commercialement irlandaise mais fiscalement rattachée aux Bermudes. Ultime tour de passe-passe, avant d'envoyer ses bénéfices au soleil, Google fait transiter les échanges entre ses deux filiales irlandaises par les Pays-Bas. Le « double irlandais » et le « sandwich hollandais » feraient économiser 2 milliards de dollars à la firme chaque année, mais ils commencent à énerver. Depuis juin 2015, le fisc français enquête sur le géant, soupçonné de « fraude fiscale aggravée ».

DANS LES COULISSES

Gabriele Galimberti et Paolo Woods, deux ans et demi aux paradis.

En 2012, Gabriele Galimberti vient d'apprendre que les impôts lui réclament la moitié de ses revenus quand il rend visite à son ami Paolo Woods en Haïti. Penché sur une carte, l'Italien pointe du doigt les Caïmans : *« En fait, je devrais planquer mon argent ! »* En plaisantant, les photographes réalisent qu'ils ne connaissent rien aux paradis fiscaux.
Habitué des travaux en binôme et des enquêtes au long cours, Paolo Woods vient de trouver un équipier et un nouveau job. Deux mois plus tard, le duo atterrit à George Town, capitale des Caïmans, et déchante : *« Il n'y avait rien à voir. On s'est rendu compte qu'on était très mal préparés »*, raconte Paolo. Il faut repenser le sujet, poser un cadre. Le binôme s'interdit les photos volées. Il travaillera à la chambre, en empruntant les codes de la pub et des films d'espionnage. Reste à trouver les morceaux du puzzle, et surtout convaincre. Agences gouvernementales, lobbies, cabinets d'audit, avocats d'affaires : pour cent e-mails envoyés, les photographes reçoivent en moyenne trois réponses positives. En deux ans et demi, ils vont parcourir quatorze pays, allant jusqu'à créer une société au Delaware : *« On s'attendait à remplir des dizaines de documents, on ne nous a même pas demandé de pièce d'identité. »* Leur livre *Les Paradis* (éd. Delpire, 2015) est présenté comme le *« rapport annuel »* de cette société, The Heavens LLC.

De HAUT
LUT

Au Sénégal, les lutteurs étaient des héros de village. Aujourd'hui érigés en stars, ils déchaînent les foules et gagnent des fortunes. **Christian Bobst** *est entré dans l'arène.*

TE

TTE

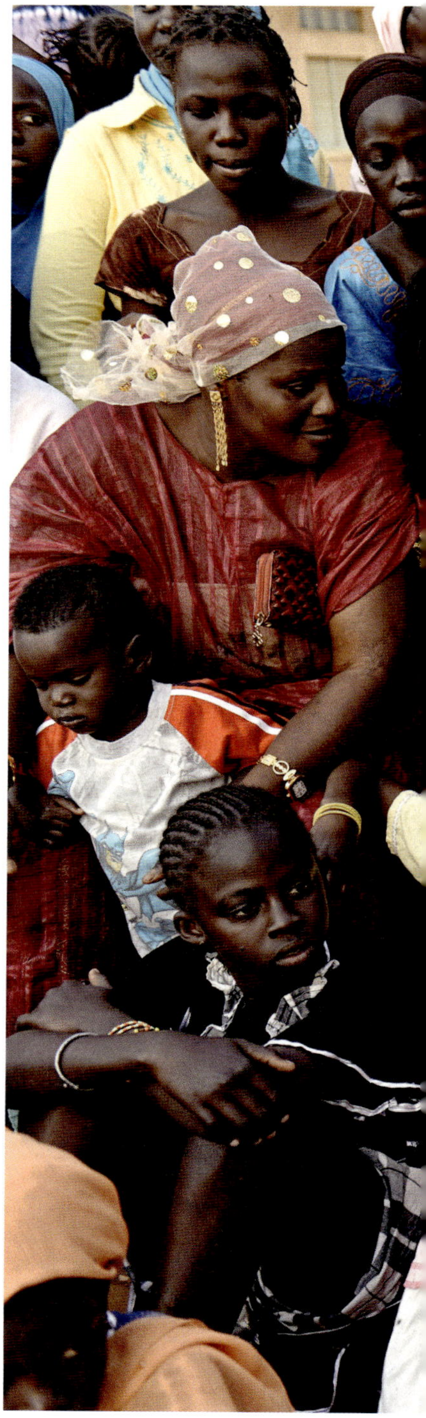

« Le combat a lieu dans un cercle. Le premier qui parvient à faire tomber l'autre sur ses quatre appuis, à le coucher sur le dos ou à l'éjecter du cercle, est déclaré vainqueur. La lutte "avec frappe", la plus violente et la plus spectaculaire, est celle qui produit des stars. »

« La lutte est une tradition liée aux fêtes des villages du Sud. À l'origine, elle était pratiquée en Casamance et dans le Sine Saloum après la saison des pluies, une grande récolte ou une pêche abondante. Le premier champion connu, Boukar Djilak Faye, vivait au XIVe siècle. »

«À cause de la chaleur, les tournois ont souvent lieu à la tombée de la nuit, comme ici à l'arène Adrien Senghor, à Dakar.»

« Ce soir-là, le quotidien "Sunu Lamb", qui ne publie que des articles sur la lutte, offre 6 000 euros au vainqueur. »

« Les plus grands combats ont lieu le 4 avril, le jour de la fête de l'Indépendance. Ceux qui n'ont pas de billet se massent devant les téléviseurs. Les lutteurs sont les vraies stars du Sénégal, bien plus célèbres que les "Lions de la Téranga", les footballeurs de l'équipe nationale. »

« Chaque soir, au coucher du soleil, les plages de Dakar se transforment en terrains d'entraînement. Ici, les garçons de l'écurie Boy Kaire, sur la Corniche, au sud de la capitale. »

« Avant chaque match, Kherou Ngor, 25 ans, "sacrifie" du lait pour chasser les fantômes et s'en recouvre le corps pour rester connecté avec les esprits. La magie noire est omniprésente. Les grands champions dépensent des fortunes pour avoir le soutien d'une armée de marabouts. »

« Un marabout avant un tournoi. »

« Kherou Ngor a remporté six de ses sept premiers combats. Le jeune champion est serveur dans un bar. »

« Lac de Guiers est devenu célèbre un soir de janvier 2003 en terrassant devant les caméras le champion Commando. Retiré de l'arène, il gère sa propre école. »

« Seules les grandes écuries, comme la sienne, sont équipées de matériel de musculation. »

« L'ancien sportif, en blanc, entraîne son successeur, Lac de Guiers 2. »

«À la différence de la boxe ou du judo, il n'existe aucune catégorie de poids. Un "petit" de 60 kilos peut se retrouver face à un "gros cou" deux fois plus lourd.»

De haute lutte

« La préparation des combats revient très cher. Il n'est pas rare de voir les vaincus pleurer de rage dans l'arène, incapables de se relever. »

« Les lutteurs portent un "nguimb", un pagne noué autour des reins, comme les sumos japonais, et des amulettes censées les protéger du mauvais sort. »

« La superstar Balla Gaye 2 console l'une de ses fans. C'est lui qui a mis fin au règne de Yékini, resté invaincu pendant plus de quinze ans. »

« Une entreprise de télécoms sponsorise toutes les grandes compétitions. »

« Le combat de Balla Gaye 2 va commencer au stade Demba Diop, qui accueille les galas importants. »

« Entre les libations, les prières, les incantations et les chorégraphies des lutteurs, les cérémonies d'ouverture peuvent durer plusieurs heures avant de laisser place, parfois, à des combats d'une poignée de secondes. »

« Balla Gaye 2 libère des pigeons avant son duel à 200 millions de francs CFA (environ 300 000 euros) contre Eumeu Sène. »

«En moins de deux minutes, Eumeu Sène, à gauche, défait Balla Gaye 2. Les deux champions pèsent plus de 125 kilos.»

De haute lutte

« J'AI VU DES JEUNES TRIPLER DE VOLUME »

La lutte est un sport très ancien, touché aujourd'hui par l'argent et le dopage, explique Dominique Chevé. La fédération sénégalaise n'a pas les moyens de combattre les dérives.

6Mois Comment expliquez-vous l'explosion de la lutte sénégalaise ?
C'est la conjonction de plusieurs facteurs. Au début des années 2000, l'avènement du Boul faalé, un mouvement contestataire, transforme la lutte en objet d'investissement : on utilise son corps pour s'extirper de la misère. Beaucoup de jeunes m'ont dit que leur avenir, c'était *« la lutte ou la pirogue »*, le départ pour l'Europe. Ensuite il y a le phénomène médiatique. Les émissions sur la lutte ont proliféré, les sponsors ont injecté de l'argent, et c'est le serpent qui se mord la queue…

Le photographe Christian Bobst dit avoir été impressionné par l'alliance entre tradition et comportements contemporains.
On parle de tradition réinventée. Les Sénégalais évoquent le *« sport de chez nous »*. Les lutteurs s'ancrent dans les rituels du passé, ils vont jusqu'à revendiquer leur ethnie ou leur quartier, mais ils sont irrésistiblement attirés par le modèle noir américain, la culture rap, que ce soit pour le style vestimentaire, les coiffures ou la musique. Leurs chorégraphies sont inspirées d'artistes comme Beyoncé ou Jay-Z, certains y ajoutent des rythmes ethniques ou des objets comme la rame de pirogue. C'est une énigme sociologique.

Le personnage central aujourd'hui, c'est le promoteur qui organise les combats. Dans la boxe, le mot « promoteur » charrie une réputation d'arnaqueur. Est-ce le cas dans la lutte ?
Il est clair que ces personnes gagnent beaucoup, beaucoup d'argent sur le dos des lutteurs, qui pour la plupart ne sont pas capables de lire leurs contrats. Normalement, les promoteurs versent l'argent des combats à la fédération, et celle-ci paie les lutteurs. En réalité, ils ne versent qu'une partie des sommes en jeu. Des fonds circulent de manière informelle et on entend régulièrement des plaintes de lutteurs qui réclament leur dû.

Combien de lutteurs parviennent à en vivre ?
Ils sont très peu nombreux. Même les grands champions qui gagnent des centaines de millions de francs CFA ont un personnel à payer, qui gère leur communication, leur comptabilité, des avocats pour les défendre… Les montants ahurissants des cachets sont dénoncés, mais il ne faut pas oublier que ces lutteurs font vivre non seulement leur famille élargie, mais aussi des quartiers et des villages entiers.

Les politiques jalousent-ils leur popularité ?
Les corps des lutteurs sont surexposés. L'Organisation mondiale de la santé en a fait ses ambassadeurs dans une campagne contre le sida, le gouvernement les utilise pour prêcher l'éducation, la lutte contre la mendicité… Avant, les lutteurs étaient les gardes du corps des politiques. Aujourd'hui, on leur demande de s'engager. Certains l'ont fait auprès d'Abdoulaye Wade, l'ancien président,

*Anthropologue au CNRS, **Dominique Chevé** a codirigé le projet « Corps en lutte : l'art du combat au Sénégal ». Ce travail de recherche pluridisciplinaire a donné lieu à cinq années d'enquête de terrain et à la publication d'un livre aux éditions du CNRS, en 2014.*

d'autres ont suivi Youssou N'Dour, qui est très introduit dans le monde de la lutte.

En 1990, Ithiar Bidiar, étudiant de Dakar, rédige son mémoire de maîtrise sur la lutte et pointe le problème de la violence. Qu'en est-il aujourd'hui ?
Ce que soutenait Bidiar était juste, la violence était extrême à l'époque parce que les lutteurs avaient droit à tout. Ils se mordaient, se jetaient du sable à la figure, s'enfonçaient les doigts dans les yeux... On les prenait pour des fous. C'est le mérite de la fédération, à sa naissance, en 1994, d'avoir instauré des règles. La violence est moins pulsionnelle.

Les médias ont tenté de mettre en scène cette violence ?
Exactement. Les confrontations télévisées, calquées sur les scènes de pesée de la boxe américaine, sont très récentes. Ils appellent cela les « *face to face* » et il y en a deux avant chaque grand combat. Dans ces rendez-vous très cadrés, on s'insulte pour faire grimper la pression et vendre des tickets. La violence concerne surtout les fan-clubs, comme dans le foot.

Peut-on parler de hooliganisme ?
Il y a parfois des bagarres au stade, des voitures ont été retournées, la maison d'un lutteur a été vandalisée... mais cela reste le fait de casseurs décriés. En apprenant qu'Orange et Tigo, les deux principaux sponsors, menaçaient de se retirer de la lutte, d'anciennes gloires de l'arène ont monté une association de lutte contre la violence.

Et le dopage ? Il semble que ce soit le tabou dont tout le monde parle.
Alioune Sarr, le président de la fédération, est médecin et en parle très clairement. Moi-même, j'ai vu des jeunes tripler de volume. Chaque année, des grands lutteurs partent aux États-Unis et reviennent transformés. On repère la prise de stéroïdes aux lobes d'oreilles qui enflent, la prise de poids rapide, le gonflement des extrémités, l'essoufflement aussi. Ils sont plus explosifs, plus percutants mais moins agiles dans l'arène.

Il n'y a pas de contrôle ?
Pour l'instant non. La fédération a obtenu le droit de faire des contrôles inopinés mais elle n'a pas les moyens de payer des médecins pour effectuer des prélèvements. Honnêtement, je doute que les lutteurs s'en inquiètent.

Pensez-vous qu'il n'y a pas de dopés parce que l'on n'a pas envie d'en trouver ?
Il y a du déni, c'est sûr, parce qu'on refuse de démythifier le champion. Quand j'interroge les lutteurs sur ce qu'ils prennent, ils répondent : Guronsan, Red Bull, protéines, vitamines, mais jamais rien d'interdit. En revanche, quand ils parlent aux médecins ils disent la vérité. Donc ils prennent de la testostérone, des anabolisants, on le sait, mais jusqu'à preuve du contraire, ils sont propres •

Propos recueillis par Mathieu Palain

« Les lutteurs font vivre non seulement leur famille élargie, mais aussi des quartiers et des villages entiers. »

POUR EN SAVOIR PLUS

La lutte sportive, le parent pauvre

La lutte sénégalaise ne se limite pas au *lamb*, la lutte avec frappe. Le Comité national de gestion (CNG), la fédération sénégalaise, reconnaît également la lutte sans frappe et la lutte olympique. Cette dernière regroupe les pratiquants de lutte libre et de lutte gréco-romaine. Un article de *Dakar Matin* de 1963 relate le voyage au Sénégal d'experts américains venus initier les athlètes locaux à ces nouvelles formes de lutte. Cinquante ans plus tard, le Sénégal place régulièrement des athlètes aux championnats du monde et aux Jeux olympiques. Mais l'absence de moyens et d'infrastructures est criante. En général, ce sont des lutteurs traditionnels qui se mettent à la lutte sportive à la dernière minute pour disputer les grandes compétitions. En 2012, à Londres, c'est une femme, Isabelle Sambou, qui, avec sa cinquième place en lutte libre, a décroché la meilleure performance d'un Sénégalais aux JO.

Tyson, le précurseur

SEYLLOU DIALLO / AFP

Mohamed Ndao, alias Tyson, au stade Léopold Sédar Senghor, à Dakar, en janvier 2005.

1,98 mètre et 140 kilos de muscles : Mohamed Ndao est un athlète, c'est indiscutable, mais il est avant tout celui qui a propulsé la lutte dans le monde du spectacle. Après avoir essayé la boxe et le basket, il commence la lutte en 1992 et passe très vite à la lutte avec frappe, où il impressionne par sa force et ses chorégraphies. Il se donne le nom de Tyson, comme le boxeur champion du monde poids lourds, et n'hésite pas à bousculer les traditions en pénétrant dans l'arène drapé des couleurs américaines. Face aux puristes, il se revendique du Boul faalé, un mouvement né d'une expression wolof inventée par le premier groupe de rap sénégalais, Positive Black Soul. *« Cette expression résume une attitude, l'équivalent de "Laisse béton", "prends la vie du bon côté, goûte-la, travaille et le reste on s'en moque" »*, expliquait le groupe. De 1995 à 2001, Tyson enchaîne dix victoires de suite, augmentant à chaque fois ses cachets. Il est le premier à recevoir 100 millions de francs CFA (150 000 euros environ) pour un combat. Le premier également à avoir sa photo sur du lait en poudre et des cahiers d'écoliers.

La décadence du football

Pendant longtemps, le Sénégal a vibré pour le football. Finaliste de la Coupe d'Afrique, l'équipe de Papa Bouba Diop et El Hadji Diouf terrasse Zidane et les siens, archi-favoris de la Coupe du monde 2002, parvenant jusqu'aux quarts de finale. Depuis, les « Lions de la Téranga » ont enchaîné les désillusions, quittant peu à peu la lumière pour la laisser aux lutteurs. Chercheur associé à l'Institut des mondes africains (Imaf), Jean-François Havard explique pourquoi le football fait moins rêver : *« La réussite des footballeurs stars comme Samuel Eto'o ou Didier Drogba paraît trop déconnectée du quotidien pour permettre une réelle identification. Quant aux footballeurs du championnat national, très faiblement rémunérés et quasi anonymes, ils sont d'abord perçus comme des perdants n'ayant pas réussi à s'exporter dans des équipes même de faible niveau, pourvu qu'elles ne soient pas africaines. »* À l'inverse, les lutteurs offrent un modèle de réussite auquel les jeunes peuvent s'identifier. Ils vivent au milieu de leurs fans et assument leur *« sénégalité »* de façon décomplexée.

Le maraboutage

La modernisation de la lutte n'a rien enlevé à l'importance de la magie noire. Les lutteurs s'entourent d'une armée de marabouts et les combats sont précédés de protocoles mystiques qui s'étirent souvent sur plusieurs heures.
Moussa Dioum, terrassé par Sa Thiès le 8 juillet 2012, a raconté son expérience à la presse : *« Je le jure. Quand l'arbitre a sifflé je voyais Sa Thiès normalement mais quand il a fait flexion avant de se relever pour m'attaquer, c'est là qu'il a disparu. Tout est parti vite. Son arsenal mystique dépasse l'entendement. Son père lui a donné au dernier moment une corne qu'il a pointée sur moi. Je pense que c'est cette corne qui est à l'origine de mon malheur. »*
La magie est prise très au sérieux. Exemple avec cette interview d'un marabout féticheur malien qui raconte comment il a prophétisé la victoire d'Eumeu Sène sur Modou Lô : *« Je vois dans ma boule de cristal que Modou Lô va être trahi par une femme très belle et de teint clair. Longtemps à ses côtés, elle va bafouer toute sa préparation mystique en allant révéler ses secrets au camp d'Eumeu Sène. Attention ! Modou Lô doit prendre ses gardes s'il ne veut pas mordre lamentablement la poussière. »*

Le Lion blanc

SYLVAIN CHERKAOUI / COSMOS

Juan Espino est le seul lutteur blanc du Sénégal.

Il s'appelle Juan Espino, il est espagnol et, depuis son île aux Canaries, il est à équidistance de Madrid et de Dakar. La lutte avec frappe, il y est venu presque par hasard. Son père lui a enseigné la lutte canarienne, puis il s'est frotté au ju-jitsu brésilien et au Ssireum, la lutte coréenne. En 2012, il est devenu champion d'Europe de grappling, une discipline qui favorise les prises au sol. La lutte sénégalaise, il la découvre sur YouTube, avec ses stades pleins. *« 30 000 personnes, juste pour la lutte... Je ne pouvais pas louper ça. »* Son 1,95 mètre et ses 145 kilos l'ont bien aidé à se tailler une place au milieu des Sénégalais. Après un premier combat âprement décroché en 2009, il devient « le Lion blanc ». Il fait son trou, affrontant des adversaires de plus en plus féroces. Même s'il ne croit pas à la magie, il a un marabout : *« C'est un aspect à part entière de la lutte sénégalaise et il aurait sans doute été impossible d'intégrer le domaine si je n'avais pas respecté ces pratiques. »* En juillet 2016, Juan « le Lion blanc » est toujours invaincu.

À voir À lire

L'Appel des arènes
film de Cheikh N'Diaye (2005)
Un premier film inspiré du roman d'Aminata Sow Fall. La trajectoire de deux jeunes Dakarois : Nalla bataille avec ses parents bourgeois pour avoir le droit de lutter, Sory revend des tickets de combats et flirte avec la mafia.

L'Afrique à poings nus
de Philippe Bordas (éd. du Seuil, 2004)
Lutteurs du Sénégal, boxeurs du Kenya... Dix années d'Afrique loin des clichés, en mots et en photos noir et blanc.

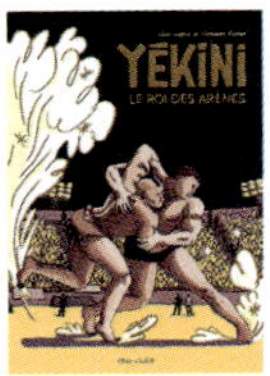

Yékini, le roi des arènes
de Lisa Lugrin et Clément Xavier (éd. FLBLB, 2014)
Une bande dessinée très réussie dans laquelle on retrouve tous les grands noms de la lutte (Tyson, Balla Gaye 2, Yékini) et ceux qui se battent pour diriger le pays, les politiques Abdoulaye Wade et Macky Sall.

Dans les coulisses

En 2012, Christian Bobst assiste à son premier combat de lutte sénégalaise, point culminant d'une fête de village dans la banlieue de Dakar. À l'époque, les télés nationales tournent en boucle sur le match entre Balla Gaye 2 et Yékini, le champion invaincu pendant plus de douze ans.
Le photographe y retourne en 2014, puis en 2015 avec un journaliste de l'hebdomadaire allemand *Stern*. *« Cette fois, on avait plus de temps, j'ai vraiment pu suivre les lutteurs au jour le jour, comme Kherou Ngor* (littéralement « le roc de Ngor ») *qu'on voit sur les photos se verser du lait sur le corps. »* Les deux hommes sont restés en contact.
Le jeune lutteur a tenté le coup à Marrakech dans un stage d'entraînement physique mais il y a perdu beaucoup d'argent. Depuis, il travaille dur pour attirer les promoteurs et pouvoir combattre dans une grande affiche.
Christian Bobst a l'intention de le revoir très bientôt : *« Je veux terminer mon travail. Les choses changent très vite là-bas. C'est ce que j'aime d'ailleurs, on ne parle pas d'une culture traditionnelle figée, à protéger, mais d'une culture traditionnelle poussée à se développer. »* Ses prochains reportages seront plus axés sur les plateaux télé, les conférences de presse... *« J'aimerais vivre auprès des plus grands lutteurs, montrer à quel point ils sont riches et puissants. »*

MON PÈRE,

Aux Philippines, des milliers d'enfants naissent chaque année du tourisme sexuel. Ils grandissent comme des étrangers dans leur propre pays. **Stefan Finger** *et* **Insa Hagemann** *ont séjourné dans plusieurs familles.*

CE TOURISTE

DIVINE

Divine a 1 an. Son père, David, 35 ans, est australien. Sa mère, Linalyn, a 25 ans. Ils se sont rencontrés sur Internet. Ils ont passé trois semaines ensemble à l'hôtel. Lorsque David a appris la grossesse de Linalyn, il n'a pas voulu la croire et a refusé de faire un test ADN. Divine a un frère de 3 ans, Vince, lui aussi enfant d'un touriste. Linalyn et ses deux enfants partagent le même matelas chez ses parents : six adultes et trois enfants dans un deux-pièces. L'appartement n'a quasiment pas de meubles, les vêtements sont rangés dans des boîtes en carton. Beaucoup de touristes demandent à avoir des relations sexuelles non protégées. Aux Philippines, pays catholique de 100 millions d'habitants, avorter est illégal ; 470 000 femmes avortent chaque année dans des conditions clandestines déplorables. Un record mondial. Un tiers souffre de complications et finit à l'hôpital.

LIVE MORE

Avec ses cheveux blonds et sa peau pâle, Divine ne passe pas inaperçue. Quand sa mère part au travail, c'est sa grand-mère qui s'occupe d'elle.

« Le père de Divine est affreux, mais je lui envoie des photos pour qu'il voie sa fille grandir. »

Linalyn

Linalyn a passé la nuit avec un client. Dans le bar où elle travaille, elle n'est plus un nom, juste le numéro 97, écrit en grosses lettres noires derrière son dos.

Kurt OPTICAL
SPECIALIST IN PRESCRIPTION OPTICS

JAMES

James a 8 ans. Son père, Jim, 50 ans, est afro-américain. Il avait vécu six ans aux Philippines et y était revenu en vacances quand il a rencontré Analyn, 31 ans. Jim vient rendre visite à son fils chaque année mais n'est pas prêt à le soutenir financièrement.

Aux Philippines, où l'immigration est quasiment nulle, les enfants de touristes occidentaux sont stigmatisés. Avec sa peau noire, James l'est encore plus que les autres. Pour éviter les moqueries sur ses cheveux crépus, Analyn lui rase la tête. James a une petite sœur de 4 ans, Celina, dont le père est Hawaïen.

Jim, par James.

SMART
LIVE MORE
AIDA STORE
TALK 'N TEXT
"CHILD RESTRICTION LAW"

Analyn travaille dans un hôtel tenu par un vétéran américain. Elle y vit avec ses enfants.

« Le père de James a été la plus grande erreur de ma vie. »

Analyn

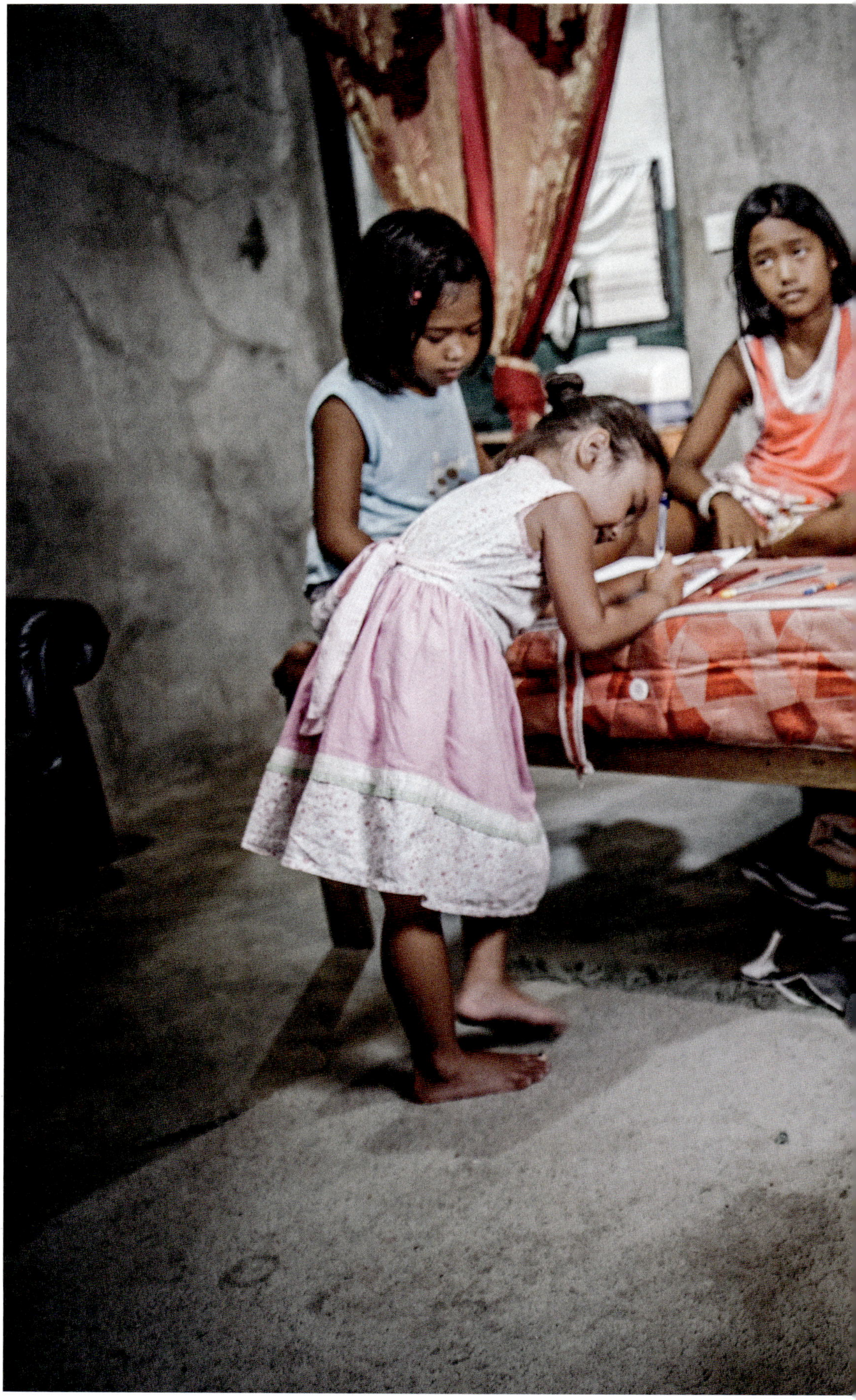

Quand James compte ses amis, il prend son temps, en donnant le nom de chacun. Onze ! Et les autres enfants ? James regarde le sol : « Ils ne sont pas gentils. » À l'école, certains l'appellent « fils de pute », « nègre », « bâtard ».

MARY GRACE

Mary Grace a 8 ans. Son père, Freddy, est suisse. Sa mère, Mary Ann, l'a rencontré dans un bar. Elle avait 18 ans, lui 37. Elle était danseuse. Pendant des années, elle a dansé pour lui à chaque fois qu'il venait aux Philippines. Mary Ann est tombée enceinte. Au début, Freddy l'a aidée financièrement. Puis elle n'a plus eu de nouvelles jusqu'à ce qu'une équipe de télévision l'invite en Suisse avec sa fille. Mary Grace était impatiente de rencontrer son père. Mais lorsqu'elle a frappé chez lui, il lui a claqué la porte au nez. Le lendemain, il a accepté de passer un court moment avec sa fille. Ils ont pris une photo ensemble. Depuis l'émission de télévision, Freddy verse de l'argent à une organisation pour payer ses frais de scolarité.

Mary Grace n'a ni frère ni sœur. Sa sœur jumelle est morte quelques heures après leur naissance. La famille vit sur une colline juste derrière le quartier rouge de Subic Bay. Mary Ann y danse pour 3 euros par jour.

Freddy, par Mary Grace.

À la maison, Mary Grace joue avec la fille du compagnon de sa mère. À l'école, elle n'a pas d'amis. « Ils m'appellent par de vilains noms, ils ne m'aiment pas », dit-elle.

Aujourd'hui, Mary Ann n'est pas allée travailler pour rester avec sa fille, qui est fiévreuse. Elle devra payer une pénalité de 2 euros à ses patrons. Ils la soupçonneront d'avoir secrètement amené un touriste chez elle.

WILLIAM

William, à droite, a 20 ans. Son père Steve, 49 ans, est germano-américain. Sa mère, Marilou, 51 ans, l'a rencontré dans un bar. Il demandait toujours à la voir quand il était en mission aux Philippines. Lui non plus ne l'a pas crue quand elle lui a annoncé qu'elle attendait son enfant. Joseph, à gauche, son frère aîné, a aussi pour père un soldat américain. Pendant longtemps, William n'a connu son père qu'à travers deux photos. À force de recherches, il a pu le retrouver. Il en est fier. Steve vit aux États-Unis et lui a promis en décembre 2012 de faire un test ADN. Après trois relances, William a reçu ce message : *« Tout va bien ici. J'espère que tu vas bien. Je travaille toujours sur le test. »*

Steve, par William.

Enfant, William adorait jouer au basket, mais personne ne voulait de lui dans son équipe. Alors il s'est mis au jogging et à la musculation. « L'école a été une expérience terrible », dit-il. Son frère, à la peau plus mate, s'est mieux intégré que lui.

VERNANCE
UNLIMITED
PLAY
Tokyo
CITY
RADIO

« Quand une fille flirte avec moi, je me demande toujours si je lui plais ou si elle me prend pour un riche touriste. »

William

Après ses études d'informatique, William aimerait travailler aux États-Unis ou en Europe pour aider sa mère. Il a trouvé un stage dans une organisation humanitaire.

LES COLONS DU SEXE

Pauvres dans leur pays, les touristes se sentent riches à Bangkok ou à Manille. Pour beaucoup d'entre eux, « le sexe fait partie du voyage », explique l'anthropologue Franck Michel.

6Mois Que pensez-vous des photos de Stefan Finger et Insa Hagemann ?
C'est un témoignage pour l'avenir. On ne sait pas quelle est la part de touristes sexuels sur le milliard de touristes à travers le monde, mais leur nombre a augmenté très rapidement. Les clients ne se cachent même plus. Ils se sentent les rois du monde sans se soucier du prix de leur plaisir : trafic d'êtres humains, traite de mineurs, avortements clandestins... et ces milliers d'enfants qu'ils laissent derrière eux.

Ce tourisme s'est banalisé ?
Oui, le touriste sexuel ne correspond plus à l'image du vieux pervers bedonnant. On trouve tous les profils : jeunes, vieux, étudiants, businessmen, hommes, femmes (environ 6 %)... Pour un Occidental, comme pour un nouveau touriste chinois, indien, brésilien ou turc, le sexe fait partie du voyage. Des jeunes des banlieues françaises vont s'offrir de belles nanas à Pattaya, en Thaïlande. Des petites bandes de copains partent en week-end à Riga, en Lettonie : avion, hôtels, bars, filles, ils trouvent tout en *low cost*... Depuis une dizaine d'années, on assiste à un tourisme sexuel de masse.

Pourquoi les Philippines et la Thaïlande sont-elles des destinations prisées ?
Le tourisme sexuel existe depuis les conquêtes romaines puis coloniales. Il s'est cristallisé aux Philippines, base arrière des soldats américains pendant la guerre de Corée de 1950. Et il a explosé dans la région avec la guerre du Vietnam. Chaque mois, quelque 5 000 GI passaient leurs permissions – « R&R », pour *rest and recreation* (« repos et détente ») – dans les quartiers chauds de Thaïlande. Les proxénètes faisaient venir des filles du Laos et du Cambodge. Quand les Américains sont partis, il a fallu reconvertir les bordels : les soldats ont été remplacés par des touristes... Les premières campagnes de publicité mettaient sciemment en avant le charme des Asiatiques.

Le phénomène est donc organisé ?
De manière indirecte, oui : des agences ayant pignon sur rue proposent des vacances avec des plaisirs sexuels. L'une d'elles a été condamnée aux États-Unis. Mais il est difficile de les attaquer car ces annonces sont masquées. Par exemple, le nouveau marché à la mode, ce sont les maisons de retraite pour Occidentaux en Asie. Dans le forfait, les retraités disposent de filles pour « *s'occuper d'eux* »...

Quels autres pays sont concernés ?
Tous les continents : Europe de l'Est, Afrique (Tunisie, Maroc, Sénégal, Gambie, Madagascar), Amérique du Sud et Centrale (Brésil, Haïti, Cuba, République dominicaine)... En Asie, on en trouve aussi au Cambodge et au Vietnam. Le touriste sexuel cherche à confirmer ses propres clichés sexistes et racistes : la femme africaine est « *sauvage* », l'Asiatique « *soumise* », la Latino « *passionnelle* ». Avec la mondialisation, le *turnover* de touristes et de prostituées est hallucinant : un Chinois en vacances à Manille ne voudra pas forcément d'une Philippine, donc il faut qu'il puisse trouver un « panel » plus large de filles, russes, ukrainiennes, etc.

***Franck Michel,** anthropologue, partage sa vie entre l'Indonésie et la France. Responsable de l'association La croisée des routes, qui traite du voyage sous toutes ses formes, il a publié une vingtaine de livres dont « Voyage au bout du sexe. Trafics et tourismes sexuels en Asie et ailleurs » (Presses de l'Université Laval, Québec, 2006) et « Du voyage et des hommes » (Livres du monde, 2013).*

À Bali, en Indonésie, la majorité des prostituées viennent de l'île voisine de Java : comme les touristes occidentaux ne veulent pas de musulmanes, elles se font passer pour des Balinaises hindoues.

Ces pratiques ne sont-elles pas sanctionnées ?

En théorie, si. Tous les pays ont durci leurs lois, mais la réalité est tout autre. Le sexe reste le business le plus lucratif après la drogue et les armes. L'argent mène la danse. En Thaïlande et au Cambodge, des proxénètes notoires, patrons d'hôtels et de bordels, sont au pouvoir. Ils emprisonnent les journalistes, j'ai moi-même manqué me faire expulser en enquêtant sur le sujet... Les réseaux sur Internet ont compliqué le travail des policiers. Paradoxalement, touristes et clients ont moins peur de se faire arrêter qu'il y a vingt-cinq ans. Un homme m'a récemment proposé sa fille de 10 ans dans une pagode au Laos, à la vue de tous. En bout de chaîne, les associations ne peuvent que récupérer les femmes et les enfants victimes.

Vous écrivez que le tourisme sexuel est un bon vecteur pour étudier le libéralisme. Pourquoi ?

La prostitution forcée et le trafic d'enfants sont dramatiques, mais la vraie plaie, c'est la société de consommation. Le touriste a encore un pouvoir d'achat réel dans les pays du Sud. Pauvre à Paris, il est riche à Bangkok. Héros d'un soir ou d'une semaine, il se comporte comme un colon. Au Vietnam, un patron français m'a dit avec fierté : *« Je voyage six mois par an, j'ai été 36 fois en Thaïlande et 54 fois à Madagascar. Moi, je fais du développement durable. J'achète des scooters et des téléphones à toutes les filles, je nourris leurs familles. »* Des touristes se vantent sur leur blog *« d'apporter le bien »*. Dans le roman *La Chair du maître* (Le Serpent à plumes, 2000), l'écrivain haïtien Dany Laferrière parle d'une rencontre entre la misère affective des Occidentaux et la misère économique du Sud.

Vous préférez parler de misère plutôt que de pauvreté ?

Ce n'est pas la pauvreté qui pousse à vendre son corps, mais la misère : sociale, éducative, etc., couplée à une hypersexualisation de nos sociétés capitalistes. Des jeunes filles se jettent d'un coup dans les bras du lion. En passant des vacances avec un touriste friqué, elles peuvent s'acheter un portable ou un sac de marque. En Indonésie, où je vis une partie de l'année, j'ai vu des jeunes femmes changer en quelques mois. Certaines se prétendent majeures à 15 ans, et les parents les encouragent car elles soutiennent la famille. C'est une réalité qu'il ne faut pas nier.

Qu'est-ce qui pourrait ralentir ce tourisme ?

L'éducation. Plus les sociétés sont éduquées, moins les femmes sont vulnérables. Des touristes disent ouvertement qu'il suffit de donner 5 dollars de plus à une fille pour qu'elle couche sans préservatif, malgré le sida. Il faut éduquer les touristes mais aussi les parents et les enfants. Or cela demande du temps dans un monde obsédé par la vitesse. Le libéralisme laisse peu de place à l'amour... •

Propos recueillis par Léna Mauger

« C'est la misère qui pousse à vendre son corps, et une hypersexualisation de nos sociétés capitalistes. »

POUR EN SAVOIR PLUS

Les Philippines

Les Philippines forment un archipel de 7 107 îles, peuplées de 100 millions d'habitants. Découvertes par l'explorateur Fernand de Magellan au XVIe siècle, elles tirent leur nom de l'infant d'Espagne, le futur roi Philippe II. Les colons imposent la religion catholique.
Un mouvement de libération se développe à fin du XIXe siècle. Son leader, le poète José Rizal, surnommé *« le Don Quichotte des Philippines »*, est exécuté en 1896. Profitant des velléités d'indépendance, les États-Unis envahissent le pays et rachètent à l'Espagne sa colonie pour 20 millions de dollars. Le pays s'anglicise. Durant la deuxième guerre mondiale, les Philippines passent sous occupation japonaise, des dizaines de milliers de civils sont tués. L'indépendance date du 4 juillet 1946.
L'archipel, gangrené par la pauvreté, la corruption et la violence, a élu en mai 2016 son nouveau président : Rodrigo Duterte, dit *« le punisseur »*. Homme aux manières rustres, capable de traiter le pape de *« fils de pute »*, il veut rétablir la peine capitale par pendaison. Dans sa propre ville, Davao, au sud, le leader populiste a mis en place des escadrons de la mort à l'origine d'un millier d'exécutions. *« Je promets l'enfer aux criminels »*, clame-t-il. Quelque 10 millions de Philippins vivent aujourd'hui à l'étranger, souvent dans la clandestinité.

La manne du tourisme sexuel

STEFAN FINGER ET INSA HAGEMANN

Angeles City, près de l'ancienne base américaine aux Philippines.

« J'estime que peut-être 40 % des hommes étrangers qui se rendent ici viennent pour le tourisme sexuel et c'est inacceptable », déclare en septembre 2011 l'ambassadeur des États-Unis aux Philippines. Selon le Bureau international du travail, un demi-million de Philippins, principalement des femmes et des enfants, travaillent dans l'industrie de la prostitution. Le tourisme sexuel constituerait la troisième source d'échanges internationaux de l'archipel.

En Thaïlande, au Cambodge, en Malaisie et en Indonésie, il représenterait entre 2 et 14 % du PIB. Illégal, parfois dissimulé derrière des *« rencontres de vacances »*, ce commerce reste impossible à chiffrer avec précision. Seule certitude : il augmente massivement et proportionnellement au flot de touristes. Et il est accepté, pour ne pas dire facilité, par les gouvernements des pays concernés, qui ferment les yeux au nom du développement économique.

Monsieur Préservatif

En Thaïlande, « eldorado » du tourisme sexuel, on le surnomme « Mister Condom ». Figure de la vie politique, ministre puis sénateur, Mechai Viravaudya sensibilise depuis vingt ans la population aux dangers des rapports sexuels non-protégés.
Né en 1941 à Bangkok d'une mère écossaise et d'un père thaï, tous deux médecins, Mechai commence sa carrière dans un planning familial. En 1973, il veut participer au développement des zones rurales et fonde une organisation non gouvernementale, devenue la plus importante du pays. Alarmé par l'explosion des maladies sexuellement transmissibles, l'homme multiplie les actions : distribution de préservatifs par la police, vidéos dans les taxis à l'intention des clients occidentaux, concours de gonflage de préservatifs avec, à la clé, un an de contraceptifs gratuits, bénédiction des capotes par des moines… Mister Condom ouvre aussi sa chaîne de restaurants, Choux & Préservatifs, et crée un centre permettant aux femmes les plus pauvres d'avorter. 250 000 Thaïs seraient aujourd'hui porteurs du virus du sida.

Une répression quasi inexistante

Légiférer sur la prostitution est en soi un casse-tête : faut-il condamner les prostituées ou les clients ? Dans le cas du tourisme sexuel, la mondialisation complique la répression : quel est le pays juge ? La France a adopté en 1994 l'extraterritorialité, qui permet de poursuivre dans leur pays d'origine des individus, et parfois des organismes, impliqués dans l'exploitation sexuelle et commerciale des enfants.
Près de 40 autres pays ont voté ces législations extraterritoriales. Interpol regroupe sous des « fichiers verts » les personnes soupçonnées d'abus sexuels sur mineurs. Mais alors que la « colonisation des corps » toucherait près de 3 millions d'enfants, les condamnations se comptent sur les doigts des mains. La convention de Stockholm va plus loin : elle pénalise la prostitution forcée, y compris quand elle concerne des majeurs, mais elle ne s'impose pas aux lois nationales.
Face à cette législation peu efficace, des associations multiplient les campagnes de prévention. L'ECPAT, « End child prostitution, child pornography and trafficking of children for sexual purposes », distribue aux agences de voyages des « codes de conduite » et des petits clips à projeter dans les avions. Mais le phénomène est si massif que des touristes n'hésitent plus à se glorifier de leurs « prouesses » sexuelles : sur Internet, ils classent les filles, donnent les prix, conseillent les meilleurs *« paradis »*.

La mystificatrice du Cambodge

Le Cambodge avait son icône : Somaly Mam. Ce symbole de la lutte contre la prostitution est aujourd'hui accusé d'imposture. Elle est née en 1970 ou 1971, un flou à l'image de sa vie. Dans son autobiographie publiée en 2005, elle raconte avoir été vendue à un marchand chinois à 12 ans puis avoir été battue, violée et torturée dans un bordel. Elle s'en sort, épouse un Français, s'engage à Médecins sans frontières puis fonde en 1997 une association consacrée à la réinsertion des victimes d'esclavagisme sexuel. Une fondation à son nom offre chaque année à 250 jeunes filles un hébergement, des soins médicaux, un suivi psychologique et des formations.
Classée en 2009 parmi les 100 personnes les plus influentes par le *Times*, Somaly Mam fait le tour des plateaux télés. Mais au Cambodge, ses méthodes sont contestées. Elle demande à la police de vider des bordels au nom de la lutte contre les trafics ? Des prostituées l'accusent de leur faire perdre leur gagne-pain. Un reporter du *Cambodia Daily* enquête. Dans un village, il retrouve ses parents, stupéfaits du récit de leur fille. Il fait aussi parler des victimes recueillies par sa fondation, qui disent avoir été poussées à dramatiser leur histoire. En 2014, Somaly Mam démissionne, une enquête est ouverte. Pourtant elle jouit encore d'une certaine aura : pour certains, rien n'est trop faux pour dénoncer le trafic.

À VOIR À LIRE

Vers le Sud
film de Laurent Cantet (2005)
Haïti, 1979. Deux Américaines d'âge mûr venues combler leur manque de tendresse tombent amoureuses du même jeune homme de 18 ans. Un film rare sur le tourisme sexuel féminin, inspiré d'une nouvelle du grand écrivain haïtien Dany Laferrière.

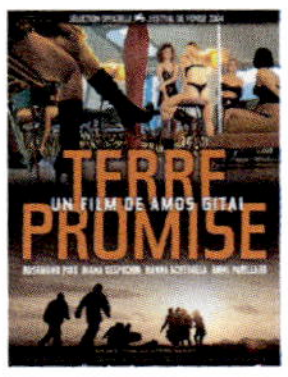

Terre promise
film d'Amos Gitai (2004)
En Israël, des femmes d'Europe de l'Est passent de main en main pour être revendues comme prostituées. Une fiction glaçante sur le trafic de la chair.

Plateforme
de Michel Houellebecq
(éd. Flammarion, 2001)
Michel, quadragénaire désabusé, quitte son poste de fonctionnaire au ministère de la Culture pour aller assouvir ses fantasmes adolescents en Thaïlande. Une réflexion crue sur la sexualité mondialisée.

DANS LES COULISSES

En reportage aux Philippines sur les enfants des rues, Stefan Finger est frappé par le nombre de gamins blonds à la peau claire. Leurs mères sont des prostituées, leurs pères des touristes.
De retour en Allemagne, le photographe en parle à Insa Hagemann. Le couple, qui travaille ensemble, repart en 2014 pour suivre le quotidien de ces jeunes parias. Un prêtre irlandais, Shay Cullen, les aide à rencontrer des familles. Fondateur de Preda, une association d'aide à de jeunes prostituées, il leur dit : *« Le tourisme sexuel est une guerre, il y a des victimes. »*
Les photographes veulent passer du temps avec les enfants et leurs mères. *« Les pères sont venus et les ont abandonnés. On ne voulait pas donner l'impression de voler leur image et de repartir. »* Stefan et Insa photographient aussi *« les clients »*, notamment à Angeles City, l'ancienne base militaire américaine, à 80 kilomètres au nord de Manille. *« Aux bars des bordels, ils n'hésitent pas à dire qu'ils font du bien aux jeunes filles, qu'ils les entretiennent... »*
En 2014, leur travail sur les Philippines obtient le prix de l'Unicef. Dans les semaines suivantes, ils reçoivent des e-mails de touristes allemands, dont celui-ci : *« Comme tous les médias, vous donnez une image négative du tourisme sexuel. Je suis allé sept fois en Thaïlande pour des vacances sexuelles, à chaque fois entre quatre et huit semaines. C'était merveilleux. J'ai profité de chaque jour et vécu chaque fois une relation romantique. Cela m'a donné du bonheur qui me suivait jusqu'en Allemagne. »*

Mon père, ce touriste

JÉSUS EST DU VOYAGE

Devenus évangélistes dans les années 1950, les Manouches se déplacent pour prêcher la parole divine. **Benjamin Hoffman** *a suivi une communauté métamorphosée par la religion.*

« Les hommes mangent d'un côté, les femmes de l'autre. Si un vieux s'installe à table, les jeunes s'effacent, peu importe si ça refroidit. La culture manouche comporte beaucoup de règles implicites. »

« À 11 ans les filles se maquillent, jouent aux femmes. Un proverbe dit que “la vie d’un Manouche est une journée qui ne s’arrête jamais”, et c’est vrai. Le rapport au temps est particulier. »

« Peu d’enfants vont à l’école, sauf si les services sociaux menacent les parents de leur couper les aides sociales. Les contacts avec l’extérieur sont très réduits. »

« L'été est la saison d'itinérance. Fin avril, 134 missions évangéliques partent sur les routes, selon un calendrier défini. À la fin août, tout le monde se retrouve à la mission mondiale. »

« Un jeune gratte un morceau sous le regard de ses parents. Le jazz manouche tend à disparaître. J'ai vu plusieurs fois des types arrêter un guitariste : "Oh cousin, c'est païen ça ! Joue un cantique !" »

« Un rassemblement religieux à Dax, dans le sud-ouest de la France. Le nomadisme est régional, on ne quitte pas les Landes pour se retrouver en Alsace le lendemain. »

« Tiouline, au centre, gagne avec sa famille environ 10 000 euros en trois semaines de vendanges, le rituel de septembre. De 7 heures à

21 heures, ils bossent comme des fous. Ils sont très rapides, et tout le monde s'y met, même les enfants.»

Jésus est du voyage

«Jour de mariage à Arcangues, dans les Pyrénées-Atlantiques. La famille pleure le départ de Fiona, son aînée. La tradition veut qu'elle vive dans la communauté de son mari.»

«Steven, le marié, est béni par son père, Pimpim, qui est pasteur. Les prénoms sont très classiques – Pierre, Jean, Catherine… – mais personne ne les utilise. J'ai croisé Kawaï, Cocktail, Penalty et même Pumba, comme dans "Le Roi Lion".»

« Le soir du mariage, garçons et filles ne se mélangent pas. »

« Il n'y a pas de faire-part de mariage, les proches viennent d'eux-mêmes, on ne sait jamais combien il y aura d'invités. Ce jour-là, ils

sont plus de mille. Les dons aux mariés s'élèvent à plusieurs dizaines de milliers d'euros, en liquide.»

Jésus est du voyage

« Ces hommes viennent de terminer leurs études pastorales et attendent leur ordination. Fin août, ils sont des dizaines de milliers à se réunir ici, près de Gien, dans le centre de la France, sur un terrain de la mission évangélique Vie et Lumière. »

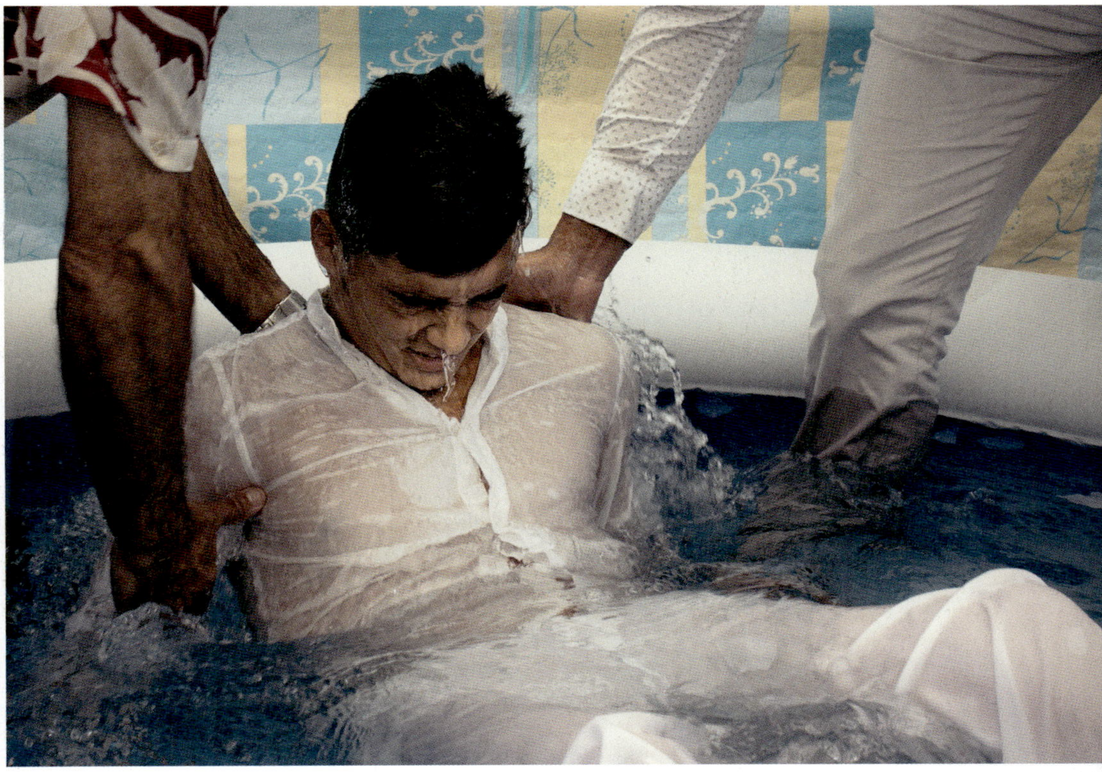

« Aujourd'hui, c'est le baptême de Bryan, 17 ans. Chez les Manouches, devenir chrétien se mérite. Les jeunes doivent prouver qu'ils ne sont plus les mêmes, qu'ils agissent en bons chrétiens. »

« Pato, entre son fils et sa femme, est pasteur. Pour lui, toutes les occasions sont bonnes pour parler de Jésus. »

« La chasse est primordiale. Tout animal est une cible : ici, les moineaux, mais aussi le cerf, le sanglier, la poule d'eau et même le hérisson, leur spécialité culinaire. »

« La voiture est une vraie passion. Le chauffeur roulait comme un dingue, j'ai cru qu'on allait y passer. Je le soupçonne d'en avoir rajouté pour la photo. »

« Nous sommes sur un terrain militaire en Touraine, sans autorisation ni permis de chasse. En général, les gardes forestiers laissent les Manouches tranquilles. Je crois qu'ils en ont peur. »

« Ce jour-là, ils m'avaient promis une fantastique partie de pêche à la truite dans les montagnes du Pays basque. Mais des truites, on

n'en a pas vues, alors, pour rire, ils ont coursé le cochon du voisin. »

« Les jeunes vivent dehors, ils sont fiers de leur corps et se mettent torse nu à la moindre occasion. »

«Nous sommes à Hossegor, dans les Landes. La plage, c'est nouveau, leurs parents n'y allaient jamais.»

«Le code vestimentaire est inspiré de leurs rappeurs préférés, Kaaris et Booba. Ils jouent les durs mais sont d'une douceur incroyable. Sullivan, au second plan, m'a lancé: "On va à la boulangerie, tu veux des bonbons?"»

« Soirée d'anniversaire à Pau : un couple danse sur de l'électro, ils boivent de la bière, surveillés par des "chrétiens". Ceux-ci s'interdisent de danser, a fortiori sur de la musique "païenne". »

« Bryan a reçu sa première caravane pour ses 18 ans. Il y a trois étapes dans la vie d'un Manouche : le permis de conduire, le mariage et la première caravane. »

« À Dax, un pasteur anime des réunions pour la jeunesse. Un musicien joue des cantiques, les filles ont mis du parfum, les garçons du gel dans les cheveux, c'est comme une colonie de vacances. La grande question, c'est : "Tu fréquentes en ce moment ?" »

« Alors que le nomadisme était la règle depuis des siècles, de plus en plus de Manouches s'installent dans des maisons en dur. Ici, on se prépare à fêter Halloween. »

« La maison ne fait pas plus de 50 m^2. Elle appartient aux grands-parents, à l'arrière-plan, et sert de point de rendez-vous à toutes les générations. »

« Les fillettes dessinaient dans le jardin quand le cochon est venu les embêter. Souvent, les familles sédentarisées mangent dans la maison et dorment dans la caravane. »

« CJ a 12 ans. Elle dort dans la caravane mais passe son temps à poster des selfies. Une image qui montre le fossé entre les générations. »

FENDT
CARAVAN
PLATIN
9766 VF 33

MON WEEK-END AVEC PIMPIM

Il sait que Dieu existe parce qu'il l'a vu. « Avant d'être chrétien, j'étais un voyou », raconte Pimpim, pasteur évangéliste qui prêche chez les Manouches.

Ça commence par un coup de téléphone un peu étrange : *« Tu veux me rencontrer ? J'suis à Marmande. Viens samedi parce que lundi j'décampe. »* Ça semblait simple, digne d'une époque où l'on n'avait pas à confirmer cinquante fois un rendez-vous.
Bien sûr, ce samedi, devant la gare de Marmande, Lot-et-Garonne, personne. *« Désolé, j'ai zappé, je suis à Agen pour le boulot. »* Bien.
Notre homme s'appelle Pimpim. Il est pasteur évangéliste et gagne sa vie en achetant des ventrèches en gros qu'il revend au détail. Au bout d'un quart d'heure, Steven, son fils, débarque au volant d'un fourgon blanc, avec sa mère et sa femme à l'avant. *« C'est toi Nicolas ? » – « Euh, Mathieu… » – « Ouais, voilà. Monte ! »* Fiona, sa femme, bascule à l'arrière et nous voilà partis avec, au-dessus de nos têtes, la gêne de ceux qui ne savent pas quoi se dire. *« Tu connais mon père ? » – « Pas encore mais je suis là pour écrire son portrait. » – « Ah d'accord… »*, et le silence revient. L'aire d'accueil se trouve au bout d'une route abîmée qui traverse une zone industrielle. C'est un terrain clôturé, coincé contre la ligne de TGV. Des mères luttent avec des poussettes dans la caillasse, à côté de mômes qui jouent aux boules en débardeurs. Posées en archipel sur une herbe très verte, cinquante caravanes d'un blanc éclatant. Elles paraissent neuves.
Steven sort une bière. On pensait que l'alcool était interdit chez les Manouches alors que c'est l'ivresse qui l'est, la perte de contrôle. *« Je bois une bière à la rigueur, mais pas deux »*, explique Steven, très fier de n'avoir jamais fumé une cigarette. Il s'est fait baptiser à 14 ans, tirant une croix sur les vices de sa vie d'avant. *« Il n'y en avait pas tant que ça. La danse, ça oui, j'y ai plus droit, mais pour le reste j'étais prêt. »* Depuis, il étudie *« la parole de Dieu »*. Dans deux ans il sera pasteur, *« comme papa »*.
On finit cette bière. Steven s'excuse, il revient vite mais il doit emmener sa mère chez Leclerc. On se retrouve avec Daylé, le petit frère, et Néno, 8 ans, un blondinet qui serait parfait dans une pub Kinder. On entame une pétanque. *« Faut plomber ici, ça roule mal »*, conseille un ado aux cheveux très noirs. Un train passe, le coup de vent couche les hautes herbes et la vie reprend.
Une fille s'assied à la place laissée libre par Steven. Elle regarde par en dessous, avec l'air de vous demander si vous ne seriez pas flic, par hasard. *« Y'a d'autres pasteurs ici, tu veux pas les voir, eux ? »* Si, bien sûr, on y va, et le premier qu'on croise s'appelle Fatar. Il porte des bottes de pluie et une chemise à carreaux qui lui donnerait l'air canadien s'il n'y avait cette coiffure gominée vers l'arrière. Le point blanc dans sa pupille noire accroche le regard. Il doit avoir 60 ans.
Fatar est un homme échaudé par les journalistes, et plus généralement par les gadjé, qui lui ont tous servi le baratin qu'on lui sert à l'instant, celui du type venu faire un reportage honnête, loin des clichés, tout ça… *« Tu sais, on a mauvaise réputation mais on fait de mal à personne. Y'a dix*

Deux fois par an,
le XXIe siècle en images

J'aime

JE M'ABONNE POUR **1 AN**

Au sein de la rédaction, Christine Blaise s'occupe exclusivement des abonnés : **c.blaise@6mois.fr**

Également disponible sur le site **www.6mois.fr** qui offre un paiement sécurisé par Internet. Vos données sont strictement personnelles ; les fichiers ne sont ni loués ni vendus à des tiers.

Deux fois par an,
le XXIe siècle en images

J'aime beaucoup

JE M'ABONNE POUR **2 ANS**

Au sein de la rédaction, Christine Blaise s'occupe exclusivement des abonnés : **c.blaise@6mois.fr**

Également disponible sur le site **www.6mois.fr** qui offre un paiement sécurisé par Internet. Vos données sont strictement personnelles ; les fichiers ne sont ni loués ni vendus à des tiers.

Deux fois par an,
le XXIe siècle en images

J'aime avec passion

JE M'ABONNE **PAR PRÉLÈVEMENT AUTOMATIQUE**

Au sein de la rédaction, Christine Blaise s'occupe exclusivement des abonnés : **c.blaise@6mois.fr**

Également disponible sur le site **www.6mois.fr** qui offre un paiement sécurisé par Internet. Vos données sont strictement personnelles ; les fichiers ne sont ni loués ni vendus à des tiers.

Deux fois par an,
le XXIe siècle en images

J'aime à la folie

J'ABONNE QUELQU'UN **EN CADEAU**

Au sein de la rédaction, Christine Blaise s'occupe exclusivement des abonnés : **c.blaise@6mois.fr**

Également disponible sur le site **www.6mois.fr** qui offre un paiement sécurisé par Internet. Vos données sont strictement personnelles ; les fichiers ne sont ni loués ni vendus à des tiers.

Oui, *je m'abonne à 6Mois pour deux ans, soit 4 numéros.*

À partir du n° ____

○ M. ○ Mme
Prénom ____ Nom ____
Adresse ____
____
Code postal |_|_|_|_|_| Ville ____
Pays ____
E-mail ____

○ France métropolitaine, Dom-Tom, **102 €** port compris.
○ Zone euro et Suisse, **122 €** port compris.
○ Reste du monde, **142 €** port compris.

Je joins un chèque du montant de l'abonnement à l'ordre de Rollin Publications et je renvoie l'ensemble à :
6Mois – Service des abonnements, 27 rue Jacob, 75006 Paris

Date ____ Signature

Oui, *je m'abonne à 6Mois pour un an, soit 2 numéros.*

À partir du n° ____

○ M. ○ Mme
Prénom ____ Nom ____
Adresse ____
____
Code postal |_|_|_|_|_| Ville ____
Pays ____
E-mail ____

○ France métropolitaine, Dom-Tom, **51 €** port compris.
○ Zone euro et Suisse, **61 €** port compris.
○ Reste du monde, **71 €** port compris.

Je joins un chèque du montant de l'abonnement à l'ordre de Rollin Publications et je renvoie l'ensemble à :
6Mois – Service des abonnements, 27 rue Jacob, 75006 Paris

Date ____ Signature

Oui, *j'abonne quelqu'un d'autre à 6Mois en cadeau pour 1 an (2 ex.) ou 2 ans (4 ex).*

À partir du n° ____

Je donne les coordonnées du destinataire de l'abonnement.
○ M. ○ Mme
Prénom ____ Nom ____
Adresse ____
____
Code postal |_|_|_|_|_| Ville ____
Pays ____
E-mail ____

Je donne mes coordonnées pour être joint en cas de problème.
○ M. ○ Mme
Prénom ____ Nom ____
E-mail ____

Pour 1 an
○ France métropolitaine, Dom-Tom, **51 €** port compris.
○ Zone euro et Suisse, **61 €** port compris.
○ Reste du monde, **71 €** port compris.

Pour 2 ans
○ France métropolitaine, Dom-Tom, **102 €** port compris.
○ Zone euro et Suisse, **122 €** port compris.
○ Reste du monde, **142 €** port compris.

Je joins un chèque du montant de l'abonnement à l'ordre de Rollin Publications et je renvoie l'ensemble à :
6Mois – Service des abonnements, 27 rue Jacob, 75006 Paris

Date ____ Signature

Oui, *je m'abonne à 6Mois par prélèvement automatique.*

À partir du n° ____

○ France métrop., Dom-Tom, **25,50 € par semestre,** port compris.
○ Zone euro et Suisse, **30,50 € par semestre,** port compris.
○ Reste du monde, **35,50 € par semestre,** port compris.

Autorisation de prélèvement
J'autorise l'établissement teneur de mon compte à effectuer sur ce dernier, si la situation le permet, les prélèvements ordonnés par Rollin Publications. En cas de litige, je pourrais faire arrêter l'exécution des prélèvements sur simple demande adressée à l'établissement teneur de mon compte.

Titulaire du compte à débiter
Prénom ____ Nom ____
Adresse ____
Code postal |_|_|_|_|_| Ville ____ Pays ____
E-mail ou téléphone ____

Établissement titulaire du compte à débiter
Document réservé aux titulaires d'un compte domicilié en France.
Établissement ____ Adresse ____
____
Code postal |_|_|_|_|_| Ville ____

Désignation du compte à débiter
Code banque |_|_|_|_|_| Code guichet |_|_|_|_|_|
N° de compte |_|_|_|_|_|_|_|_|_|_|_| Clé RIB |_|_|

Organisme créancier
Rollin Publications SAS – 27 rue Jacob, 75006 Paris – N° ICS : FR83ZZZ555102

Date ____ Signature

Merci de joindre impérativement ***un relevé d'identité bancaire (RIB)*** *à ce formulaire d'abonnement rempli.*

ans, ouais, on t'aurait cassé la gueule. Mais c'est fini ça.»
Le vent se lève. Les femmes préparent le dîner et les poulets picorent sous les tables. Steven a faim, il appelle son père : *« T'es où ? OK, j'allume le barbeuc.»* Fiona sort la rallonge et le sèche-cheveux, deux outils indispensables pour qui veut braiser du charbon en urgence.

Pimpim, 40 ans, arrive alors qu'on pose deux pièces de bœuf d'un kilo sur le gril. C'est un homme d'un mètre soixante qui porte un jean rouge sur des chaussures pointues. Il a un visage à la fois asiatique et européen, dont a hérité son plus jeune fils, Daylé, que les filles appellent Mimi-Sicu, l'enfant sauvage du film *Un Indien dans la ville,* quand elles le voient courir pieds nus à travers le camp. Pimpim attrape un couteau, vérifie la tendreté de la viande et invite à passer à table. Il y a peu, il pesait 160 kilos mais il a fondu après s'être fait enlever un bout d'estomac. Tout à l'heure, Daylé nous a présenté des familles entières passées par la chirurgie pour vaincre l'obésité.
Le frère de Fatar est là lui aussi. Il a 47 ans, une bouille d'enfant et un ventre de buveur de bière qui tire sur son tee-shirt blanc. Il raconte à toute vitesse, et en fermant ses phrases par un *« tu m'as compris »,* qu'il a été esclave de l'alcool. D'une main, il jure s'en être tiré alors que l'autre cache un verre de cognac derrière le dossier d'une chaise. Il l'avale cul sec pendant que Pimpim ramasse sa fourchette. Il aimerait pour son anniversaire être délivré de la cigarette. *« Sur la Bible, je fume, je sais même pas pourquoi. C'est un réflexe.»* Pimpim acquiesce, regarde sa montre et envoie tout le monde sous le chapiteau. Il est 21 heures, l'heure du culte.
Sur une estrade, Kim, un élève prédicateur, alterne les prêches et les cantiques. Un piano joue des sons mystiques avec un effet d'écho un peu étrange, comme si on criait dans une église vide. Toutes les deux minutes, Kim s'exclame : *« Gloire à Jésus, quelle beauté !»* et l'on pourrait croire qu'il s'agit d'un tic s'il n'arborait l'air grave du gars qui sait ce qu'il fait. En face, on chante les paumes ouvertes et les yeux fermés. *« Seigneur, je t'aime tellement », « loué soit Jésus-Christ ».* Les *« alléluias »* et les *« amen »* résonnent à chaque fois que le mot *« béni »* est prononcé. Kim remercie et laisse Fatar, l'ancien, s'installer au pupitre. On ne l'avait pas reconnu, serré dans son beau costume noir, une broche en bouton sous le col, à la façon des cow-boys. Il raconte comment Jésus l'a aidé, tout à l'heure, à sauver la vie d'une gamine écrasée par un baffle de la sono. *« Essayez de soulever ce truc, ça pèse une tonne ! Les parents affolés ont appelé au secours, j'ai posé mes mains sur la tête de la gamine et, par la force de Jésus, la petite était guérie, elle s'est mise à courir partout.»* Du regard, Fatar en appelle aux parents, assis au dernier rang. Le père acquiesce d'un geste que tout le monde interprète ainsi : oui, Jésus a sauvé notre fille.
Puis vient le tour de Pimpim. Une immense confiance se dégage de cet

« J'ai posé mes mains sur la tête de la gamine et, par la force de Jésus, elle était guérie, elle s'est mise à courir.»

homme qui ne ressemble pas aux autres. Sa voix est chaude dans le micro, il fait partie de ces gens qui parviennent à sourire en parlant. Son prêche est lui aussi truffé de *« gloire à Jésus »* mais avant de laisser ses *« frères »* retourner à leurs caravanes, il invite les malades à venir devant l'estrade. En tant que messager de Dieu, il a le pouvoir de guérir. Une mère en pleurs, en transe, comme possédée, incline la tête devant Pimpim, tenant son bébé d'un bras. Le pasteur pose une main sur son crâne en récitant une prière dont on ne perçoit qu'un murmure noyé sous les sanglots. Ils sont une quinzaine comme elle, à pleurer pour leur salut. Il est 23 h 15, fin de la *« réunion »*. *« Viens, on va boire un café »*, me glisse Pimpim en traversant l'allée. On s'installe et j'ai l'impression d'être privilégié, un peu comme si je retrouvais une rock star en nage dans sa loge juste après son dernier rappel. Quelque part dans l'herbe, un grillon se gratte les ailes. *« Avant d'être chrétien, j'étais un voyou »*, commence Pimpim, le visage à moitié mangé par l'obscurité. *« J'ai touché à tout, alcool, drogue, j'ai beaucoup eu peur de la mort. »*

Cette époque remonte au collège. Il a 13 ans, ses potes en ont entre 25 et 30. Un matin, de retour de boîte, il trouve ses parents auprès du feu de camp. *« Ils étaient pas bien, inquiets, tu vois ? Je me suis couché en demandant à Dieu : "Est-ce que Tu existes vraiment ?" »* Le fils de Steven, Ézéchiel, 13 mois, pleure à côté. Une otite. *« J'ai crié,* poursuit Pimpim. *"Dieu, si Tu entends le cri du malheureux, alors exauce ma prière. Viens changer ma vie". »* Dans la foulée, il se fait baptiser, par immersion, et commence à *« servir la parole du Seigneur »*. C'était il y a vingt-cinq ans. Sa philosophie est simple : on n'a qu'une vie, jetons le superflu. Il cite Leonardo DiCaprio dans *Titanic* : *« J'ai tout ce qu'il me faut avec moi, de l'air dans mes poumons et quelques feuilles blanches pour dessiner. »* Il a l'air habité. Lui arrive-t-il de douter ? *« Je suis convaincu que Dieu existe parce que je L'ai vu. »* Son rôle est de Le faire connaître aux hommes : *« Regarde, aujourd'hui il y a moins de délinquance chez les Manouches, ils choisissent la voie de l'Évangile. »* Pimpim ne croit pas en l'évolution. *« Des scientifiques disent que l'homme vient du singe, du poisson... Excuse-moi mais t'as rien d'un poisson. »* Même démonstration pour le Big Bang. On ne sait pas quoi dire, alors Pimpim va calmer son petit-fils Ézéchiel. Il revient avec un armagnac. *« Goûte, fils, c'est du très bon. »* Il en verse un fond à chacun et l'alcool réchauffe immédiatement les gorges. Le froid est là, Pimpim tire sur le col de sa veste et plonge les mains au fond de ses poches. Il raconte une histoire qui lui est arrivée alors qu'il faisait les vendanges à Épernay. *« J'entre dans un bar et la patronne me sert un armagnac. Je le bois, une merveille, elle me dit : "C'est 120 euros." Je proteste, elle menace d'appeler la police et finalement, je paye. Tu sais pourquoi ? Les Manouches ont*

« Regarde, aujourd'hui il y a moins de délinquance chez les Manouches, ils choisissent la voie de l'Évangile. »

« Des scientifiques disent que l'homme vient du singe, du poisson… Excuse-moi mais t'as rien d'un poisson. »

toujours tort face aux magistrats. » Beaucoup de choses le contrarient, à commencer par la sédentarisation des siens. Pourtant lui aussi, en 2008, a posé des cales sous les roues de sa caravane. Un terrain, près de Pau, ça a duré cinq ans. *« Un jour, je bois le café avec ma femme sous un saule pleureur quand je vois passer des caravanes. Elles traçaient vers la côte en klaxonnant. On s'est regardés, j'ai planté un panneau "à vendre" et voilà, c'était reparti. »*

Son visage s'allume alors qu'il déverrouille son téléphone. *« Une heure dix. On marche un peu ? »* Les cailloux bruissent sous nos pas. Après un temps de silence, Pimpim lâche une question qu'il semble retenir depuis un moment : *« T'as eu peur de venir ici ? »* – *« Non. »* – *« Les gens nous méprisent. J'ai 40 ans et toute ma vie je me suis fait arrêter par la police. »* Il n'attend pas de réponse. *« S'il se passe quelque chose quelque part, tu peux être sûr qu'on est les premiers suspects. On les entend, les rumeurs : "Attention, des Manouches, enfermez-vous à double tour…" »* Son vrai prénom, c'est Jean, et il est français depuis cinq générations. Cinq hommes discutent en cercle sous un lampadaire, à l'orée de la zone industrielle. Ils passent du tzigane au français et conviennent qu'à cette heure, ils seraient mieux sous la couette auprès de leurs femmes. On rentre. Le plus gaillard, des épaules massives et une longue barbe rousse, possède la plus belle caravane, un bijou tout en courbes à 70 000 euros, achetée d'occasion. Les gens passent devant en la suivant du regard. *« Elle est belle ma camping, mais je te jure, je dors mieux dans le camion. »* C'est justement comme ça que je passe la nuit, sur un matelas dans la camionnette aux ventrèches. Au début, ça sent fort le saucisson et finalement, ça passe.

J'en sors six heures plus tard, réveillé par le TGV de 8 h 15, et trouve Pimpim torse nu au-dessus d'une bassine. Il se lave les cheveux, se rase en aveugle, sans miroir, et se hâte d'enfiler un costume rayé comme on les portait à Chicago à l'époque d'Al Capone. C'est encore lui qui mène la réunion ce matin. Trois heures. C'est long parce que c'est exactement la même chose qu'hier, répétée encore et encore jusqu'à l'ivresse. *« Louons le Seigneur », « Jésus je T'aime, je Te donne ma vie, je Te donne mon cœur »*, voilà les phrases que tout le monde, prostré ou pas, en transe ou pas, prononce cinquante fois. À un moment, Pimpim pleure sur l'estrade. Il ne fait pas semblant, ou alors il est très fort, mais personne ne fait semblant ici car tous sont convaincus que Jésus est là ce matin, sous ce chapiteau. C'est une rengaine : *« Il passe entre les rangs. »* À la fin, de sa voix la plus claire, Pimpim annonce : *« Merci à tous pour ces beaux moments à Marmande. Je demande aux hommes de nous aider à démonter le chapiteau. Demain, nous serons à… »* Le trou de mémoire. Au fond, une voix d'enfant crie : *« Castelsarrasin ! »* Pimpim lui lance : *« Merci mon frère ! »* et tout le monde rigole •

Mathieu Palain

POUR EN SAVOIR PLUS

Les mots du voyage

Tsiganes
Populations nomades originaires de l'Inde, dispersées à travers l'Europe. Parfois écrit Tziganes.

Roms
Le nom que les Tsiganes se donnent à eux-mêmes. Ils habitent ou sont issus des pays d'Europe de l'Est (Roumanie, Bulgarie, Hongrie).

Manouches
Appelés aussi Sinté, ce sont les Tsiganes d'Europe de l'Ouest. La majorité vit en France, en Allemagne et en Italie.

Gitans
Appelés aussi Kalé, ce sont les Tsiganes installés dans la péninsule ibérique et le sud de la France, en Camargue notamment.

Gens du voyage
Autre nom pour Tsiganes. En France, c'est une catégorie juridique qui remplace administrativement le mot nomades depuis 1969. Il concerne *« l'exercice des activités économiques ambulantes et le régime applicable aux personnes circulant en France sans domicile ni résidence fixe »*.

Gadjo
Désigne, en romani, *« toute personne qui n'appartient pas à la communauté tsigane »*. Au pluriel, gadjé.

D'où viennent les Tsiganes ?

Avec 12 à 15 millions de membres, les Tsiganes forment la plus grande minorité d'Europe. Le terme recouvre des identités diverses. C'est le seul peuple au monde qui n'a jamais revendiqué un territoire. Leur origine est restée mystérieuse jusqu'à ce que les linguistes fassent le lien entre le romani et le sanskrit, parlé en Inde au IXe siècle. On ne connaît pas les raisons qui ont déterminé leur départ d'Inde mais on a trouvé leur trace à Constantinople au XIIe siècle et à Paris en 1427. Ils ont changé de nom en fonction des pays : bohémiens en France dès le XVe siècle, *gypsies* en Angleterre et *gitanos* en Espagne, dérivé du mot « égyptien » car les Tsiganes disaient venir d'une région de Grèce qu'on appelait la « Petite Égypte ». Depuis le Congrès mondial tsigane tenu à Londres en 1971, ils ont un hymne et un drapeau, bleu et vert frappé d'une roue de carriole rouge à seize rayons.

Un peuple persécuté

MUSÉE NICÉPHORE NIÉPCE / ADOC-PHOTOS

Fichage des Tsiganes par la police de Dijon, vers 1910.

À leur arrivée en France, les Tsiganes sont considérés comme des vagabonds qui volent et mendient au gré de leur itinérance. En juillet 1682, Louis XIV signe une *« Déclaration contre les Bohémiens et ceux qui leur donnent retraite »* : tous les *« Bohèmes »* mâles sont condamnés aux galères à perpétuité, leurs femmes doivent être rasées et leurs enfants enregistrés dans des hospices. En 1895, l'idée d'un recensement de la population tsigane prend la forme d'une circulaire ministérielle. En 1912, tous les nomades de plus de 13 ans sont contraints de posséder un « carnet anthropométrique d'identité » qu'ils doivent montrer à l'entrée et à la sortie de chaque commune. En Allemagne, dès les années 1930, les Tsiganes sont internés dans des camps. Les nazis les voient comme *« racialement inférieurs »*. Toute personne qui possède au moins un grand-parent tsigane est considéré comme *« impure »*, arrêtée et déportée. Le mot *porajmos*, qui signifie « dévorer » en romani, désigne le génocide des Tsiganes. Les historiens estiment que 25 à 50 % de la population Tsigane d'Europe a été décimée par le régime nazi. En France, les Tsiganes ont dû attendre mai 1946 pour être libérés des camps d'internement. La surveillance a repris en 1969 via les carnets de circulation, qui n'ont disparu qu'à l'été 2015. Le 5 août 2010, le ministre de l'intérieur signe une circulaire pour *« faire évacuer les campements illicites, en priorité ceux des Roms »*, ce qui a provoqué la colère du Parlement européen : *« Cette attitude est allée de pair avec une vague de stigmatisation des Roms et de dénigrement général des Tsiganes dans le discours politique »*, selon la résolution du 9 septembre 2010 exigeant l'arrêt des expulsions systématiques.

Le « réveil » évangéliste

En France, une majorité des Tsiganes serait encore catholique, mais l'Église évangélique gagne du terrain. Les Manouches datent le *« réveil »* évangéliste de 1952, avec la naissance de la première mission évangélique des Tsiganes de France, l'association cultuelle Vie et Lumière. C'est un gadjo, le pasteur pentecôtiste Clément Le Cossec, qui mène la campagne de conversion, multipliant les baptêmes en mer et lançant des églises roulantes sur les routes. Vie et Lumière, inscrite depuis 1975 auprès de la Fédération protestante de France, revendique plus de 110 000 fidèles. En 2015, son président, Georges Meyer, a été décoré de la Légion d'honneur par le ministre de l'intérieur.
Vie et Lumière ne connaît pas la crise des vocations. Il suffit à un élève de suivre quatre mois de formation en théologie répartis sur deux ans pour devenir pasteur, contre au moins six ans de séminaire pour les prêtres catholiques. Ce statut de pasteur permet au « berger » de mener une vie d'homme, c'est-à-dire de fonder une famille, d'avoir une activité professionnelle et de toucher les membres de la communauté de l'intérieur. Les jeunes Manouches sont de plus en plus nombreux à rejoindre les 134 missions qui sillonnent la France, malgré leur stricte interprétation de la Bible qui conduit à l'interdiction de l'alcool, du tabac, de la danse, du cinéma et de toute forme de *« musique païenne »*.

La mendiante qui voulait devenir magistrate

OLIVIER CORET / DIVERGENCE

Anina Ciuciu a 22 ans, elle parle cinq langues, a connu le froid, la faim, les pleurs, les frontières traversées sans respirer et raconte tout cela dans un livre, *Je suis Tzigane et je le reste* (éd. City, 2014). Née dans un quartier pauvre de Roumanie, elle fuit avec les siens en banlieue de Rome, où elle vit le racisme et l'humiliation : *« La pire période de mon existence, nous étions assimilés à de la vermine »*, raconte-t-elle aux *Dernières Nouvelles d'Alsace*. Elle a 7 ans quand elle s'assoit par terre avec sa mère pour faire la manche. *« Le mépris dans le regard des gens, c'est une blessure qui ne se referme pas. »* En 1999, la famille habite un fourgon à Bourg-en-Bresse, dans l'Ain. Anina mendie pour manger jusqu'à ce que *« Madame Jacqueline »*, une femme du coin, lui apprenne à lire et à écrire. Elle entre au collège, puis au lycée où elle met un point d'honneur à ne jamais lâcher la première place. Puis c'est le bac avec mention, la Sorbonne, une licence et un master de droit. L'État lui refuse toujours la nationalité française mais cela ne l'empêchera pas de passer le concours de l'École nationale de la magistrature.

À VOIR À LIRE

Gadjo Dilo
film de Tony Gatlif (1997)
L'histoire d'un Français qui part en quête de la femme qu'il aime à travers la Roumanie. Plus il cherche et plus il prend sa place chez les Roms.

Snatch
film de Guy Ritchie (2000)
Une comédie sur les Manouches et les combats clandestins, avec Brad Pitt dans le rôle du jeune un peu simplet qui parle avec les poings. Très drôle.

Gens du voyage, je vous aime
de Louis de Gouyon Matignon (éd. Michalon, 2013)
Le témoignage d'un jeune noble du 16e arrondissement de Paris, fan de Django Reinhardt, qui a appris à parler romani, s'est frotté à la culture manouche et s'est autoproclamé porte-parole de ce peuple de l'oralité, où rien n'est jamais écrit.

DANS LES COULISSES

En 2011, Benjamin Hoffman est journaliste à LCI quand il tombe sur une dépêche de l'Agence France Presse sur un rassemblement de Tsiganes évangélistes près de Gien, dans le Loiret. *« Ça m'a intrigué, j'en ai parlé à un copain photographe et on s'est rendus sur place. »* Perdus au milieu de 50 000 Tsiganes et d'immenses chapiteaux, ils croisent Louis de Gouyon Matignon, *« un petit blond en costard et chaussures vernies qui se présente comme le porte-parole de la communauté »*.
Deux ans passent, puis Benjamin entend les propos de Manuel Valls : *« C'est illusoire de penser qu'on réglera le problème des Roms uniquement à travers l'insertion. Il n'y a pas d'autre solution que de démanteler les campements et reconduire ces populations à la frontière. »* Le photojournaliste recontacte Louis de Gouyon Matignon et, très vite, naît l'idée d'un livre. *« Louis est entré dans la communauté par la musique. C'est un excellent guitariste, fan de jazz manouche, qui a fait ce que personne ne fait, aller à leur rencontre, les écouter, apprendre leur langue. Il a déjà écrit cinq livres sur eux, dont un dictionnaire franco-tsigane. »*
Benjamin dit que sans son aide, il aurait été quasiment impossible de réaliser ce travail : *« Les Manouches sont très méfiants envers les gadjé mais ils connaissent tous Louis, absolument tous. Avec lui, je voyais les familles une fois ou deux, et très vite j'avais le droit de photographier. Je n'ai eu aucune restriction, aucune contrainte. »*

Le monde de...

Juan Manuel Castro Prieto

La vie rêvée des Andes

Au pays des Incas, le photographe espagnol a marché sur les traces de son maître, Martín Chambi, documentariste hors pair de la vie péruvienne dans la première moitié du XXe siècle.

« Des bergers partagent des rafraîchissements et des feuilles de coca en surveillant leur bétail. »

Le Pérou en couleurs de Juan Manuel Castro Prieto est un palimpseste. Ses photos de la vallée sacrée des Incas dissimulent une fascination pour des dessins, des bulles et un mystère : sept chercheurs touchés par des boules de cristal tombent dans un étrange coma, un professeur disparaît, un reporter et son petit chien blanc partent démêler le secret de la momie inca de Rascar Capac. Juan Manuel a 10 ans, il rêve de marcher sur les traces de Tintin. Il en a 17 quand la photographie s'impose, comme tombée du ciel. « *Touché par la magie de la révélation dans une chambre noire* », le jeune Madrilène apprend la technique en autodidacte. Plongé dans les livres, il rencontre sa seconde inspiration péruvienne : Martín Chambi, maître de la photo en Amérique du Sud. Né en 1891 dans une famille d'Indiens quechuas, Chambi est célèbre pour ses portraits en noir et blanc, kaléidoscope ethnographique du Pérou de la première moitié du XXe siècle. Paysans, ouvriers, bourgeois, jeunes mariés, joueurs de flûte, posent avec majesté devant la chambre de ce documentariste hors pair.

Un peuple à travers des images

Peut-être un dieu inca protège-t-il l'Espagnol au nom de prince… En 1990, Juan Manuel Castro Prieto est invité au Pérou pour réaliser des agrandissements de son maître. À Lima, l'une des six enfants de Martín Chambi, Julia, garde précieusement les 30 000 négatifs de son père. Juan Manuel Castro Prieto s'enferme dans son laboratoire aux odeurs exotiques, impressionné par l'excellence technique, les lumières à la Rembrandt, les contrastes, les jeux

MARTÍN CHAMBI / VU

Région de Cuzco, 1926. Un des milliers de portraits réalisés par le photographe péruvien Martín Chambi.

entre les ombres et les flous, et surtout par la prestance, la grandeur des sujets photographiés. À une époque où les indigènes étaient vus comme des indigents illettrés, Martín Chambi, le génie à la peau mate, voulait redonner une dignité aux siens. « *Je me sens comme un représentant de ma race, mon peuple parle à travers mes images* », disait-il. Pour commercialiser ses photos, Martín Chambi avait inventé la carte postale au Pérou. Juan Manuel Castro Prieto vagabonde à travers les mêmes paysages. La réalité de « *ce monde infini, d'une grande beauté* », dépasse son imaginaire ; il est envoûté, happé par le continent sud-américain. Après neuf séjours, des milliers de kilomètres en auto, à cheval, en barque, à mulet et à pied, il publie en 2001 un livre en noir et blanc, *Pérou, voyage vers le soleil*. Un titre en hommage au *Temple du soleil* d'Hergé. « *C'était un voyage plus qu'un reportage, un projet quasi autobiographique, avec une forte composante onirique.* » À la sortie du livre, des critiques le surnomment « *le nouveau Chambi* ». Des musées veulent exposer ensemble le maître et l'élève. Ému comme un gosse, Castro Prieto cherche à pousser plus loin l'effet de correspondance. À littéralement marcher dans les pas de son modèle, dans la même vallée, les mêmes villages, entre Cuzco, capitale de l'empire inca, et le site sacré du Machu Pichu, le long du fleuve Urubamba. Comme Chambi, il se déplace avec une chambre grand format de 20 × 25 centimètres : du matériel lourd, encombrant, bannissant l'improvisation. Pour Castro Prieto, la photographie est un temps long, un rituel, un échange intense, un repas partagé. Un moment de vie riche en couleurs. L'élève colorise les lieux visités par le maître.

« J'aime m'inviter dans le passé »

Près d'un siècle sépare le Pérou de Castro Prieto de celui de Chambi. Les firmes multinationales exploitent des concessions pétrolières, les touristes en tongs envahissent les lieux sacrés et les Quechuas portent des baskets. Pourtant, du noir et blanc des années 1920 aux pastels du XXIe siècle, le pays des Incas semble s'être figé dans le temps. C'est que Castro Prieto privilégie « *les endroits reculés, dans leur jus, les traditions immobiles, les petits riens du quotidien.* » « *J'aime m'inviter dans le passé* », dit-il. Son voyage n'est jamais achevé. Tant qu'il pourra retourner au pays du soleil, il fera des images avec ses songes •

Léna Mauger

« Au sud du Machu Pichu, près de 5 000 salines perchées sur des terrasses à 3 000 mètres d'altitude produisent l'un des meilleurs sels du monde. Les habitants le ramassent depuis l'époque des Incas, les femmes portent toujours des costumes traditionnels. »

« Après le marché du dimanche à Maras, une famille rentre chez elle à pied. La route serpente dans la vallée, protégée par les "apus", les esprits des montagnes. Ce lieu magique au pied des Andes est beau comme un songe. »

« Pour son anniversaire, Frank a fait venir un clown, une tradition occidentale qui a pénétré la vallée. Le village de San Sebastián est si collé à Cuzco qu'il semble en être une banlieue, mais il est épargné par le tourisme de masse et a gardé sa personnalité. »

« Les vendeurs du marché d'Izcuchaka ont travaillé dur et se reposent en buvant la chicha, une boisson andine à base de manioc et de fruits. Je suis resté longtemps à bavarder et boire avec eux. »

« La douceur du regard de Grimaldina Mamani m'a subjugué. Elle vit dans l'un des plus beaux villages de la vallée de Cuzco, Quiquijana, bercé par les remous de la rivière. »

« Le lundi de la Semaine Sainte, les habitants de Cuzco, ancienne capitale des Incas, organisent la grande procession du "Seigneur des Séismes", dieu protecteur de la ville. Les pompiers, habillés sur leur trente-et-un, posent avec orgueil. »

« Depuis Cuzco, il faut emprunter une piste durant sept heures pour atteindre le hameau de Santo Tomás. Fruits, boissons, produits d'entretien s'entassent sur les étagères bringuebalantes de cette épicerie. Trouver tant de vivres ici tient du miracle. »

« La Semaine Sainte illustre la fusion des religions andine et chrétienne, avec des feux d'artifice, des chants et des prières. Des tapisseries ornées d'or sont accrochées aux fenêtres des rues où passe le "Seigneur des Séismes". »

« Je suis toujours surpris de voir que des Péruviens portent encore les mêmes vêtements que leurs ancêtres. Je me promène avec un fond photo ancien appartenant à la famille Chambi, pour mieux me mettre dans la peau de Martín. »

« Les vachers péruviens montent à cheval et attrapent leur bétail au lasso, sans rien avoir à envier aux cow-boys d'Amérique du Nord. Ils savent aussi danser dans les fêtes de village, à la lueur des étoiles. »

« Les montagnes des Andes surgissent des nuages. Pendant que je rêvais face à ce décor, une femme est arrivée avec son âne et a commencé à déplier son petit étal d'artisanat. Quatre objets vendus à des touristes peuvent faire vivre toute la famille. »

Photobiographie

Double dames

Leur père avait tout programmé, elles ne pouvaient pas échapper à leur destin. À 36 et 35 ans, Venus et Serena Williams écument toujours les courts de tennis.

Par Mathieu Palain

BOB MARTIN / AI / REUTERS

Un an, trois mois et neuf jours. C'est l'écart entre Venus et Serena, les deux plus grandes joueuses du tennis moderne.

DR

Julia Metcalf, la grand-mère, sur le perron de son taudis de la 79e rue à Shreveport, en Louisiane.

1970

Photo tirée du compte Instagram de Serena : « Inséparables depuis l'époque où je ne marchais pas. Je t'aime ma sœur. »

1981

DR

Deux fois par jour, Richard Williams entraîne ses filles sur les courts publics de Compton, dans les quartiers chauds de Los Angeles.

1989

L'histoire des deux plus grandes joueuses à avoir foulé un court de tennis commence sur un canapé de Long Beach, Californie, en 1978. Richard Williams, 36 ans, zappe devant sa télé et tombe sur le sourire d'une jolie brune à qui l'on remet un trophée. La fille s'appelle Virginia Ruzici, elle est Roumaine et vient de remporter Roland-Garros. *« Quarante mille dollars pour quatre jours de travail, c'est pas mal »*, ironise le commentateur. Richard Williams n'en revient pas. Le lendemain à la première heure il se précipite sur les pages sportives du *Los Angeles Times*. Quarante mille dollars, c'est bien ça. Il se tourne vers sa femme, Oracene, et annonce qu'il va lui donner deux enfants supplémentaires, des champions de tennis qui feront d'eux des gens riches. Ainsi naissent Venus Ebony Starr Williams, en juin 1980, et Serena Jameka Williams, quinze mois plus tard.

Pour comprendre comment ces filles conçues pour devenir des stars le sont effectivement devenues, il faut plonger dans l'histoire du père, Richard, un beau parleur qui n'aime rien tant qu'entendre parler de lui. Comme tous les conteurs, il a écrit sa légende, celle d'un Noir pauvre de Shreveport, Louisiane, qui apprend à marcher en 1942 dans le champ de coton où s'épuise sa mère, Julia. Celle-ci est célibataire car Richard Williams Senior est un spectre qui se faufile la nuit dans les draps des femmes du quartier, laissant derrière lui une tripotée de bouches à nourrir. *« Aussi loin que je me souvienne, j'ai détesté mon nom car il me rappelait ce que je ne pourrai jamais acheter, l'amour d'un père »*, écrit Richard Williams dans son autobiographie (*Black and white, the way I see it*, 2014, non traduit en français).

Enfant, il reçoit le monde comme un crachat au visage. *« Pour protéger*

KEN LEVINE / GETTY IMAGES

Rencontre avec l'ancien président Ronald Reagan, à l'occasion d'un stage en Floride.

1990

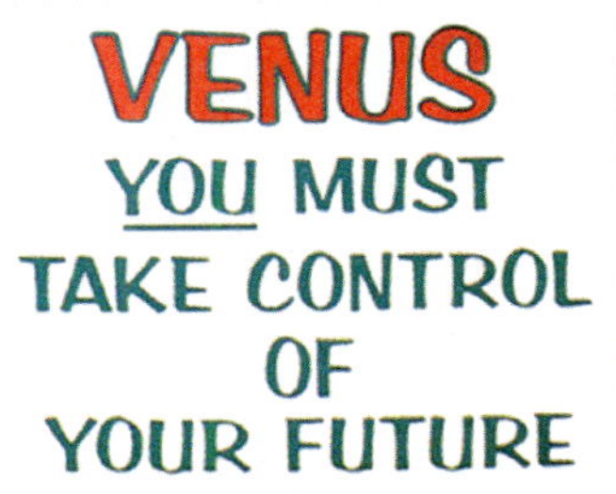

« Venus, tu dois prendre ton avenir en main. » L'un des multiples panneaux disposés sur les courts par Richard Williams à chaque entraînement.

1991

KEN LEVINE / GETTY IMAGES

Serena a 11 ans. Elle nourrit un complexe d'infériorité envers sa sœur, invaincue chez les juniors.

1992

les Blancs, la ville était divisée. Les restaurants, les cinémas, les parcs, les hôtels, même les toilettes étaient "white" ou "colored only" ["blancs" ou "gens de couleur seulement"]. »

Richard : chaînes, flingues, pic à glace et Ku Klux Klan

Cette époque terrible lui a marqué le corps. *« J'ai couru devant des mecs armés de battes, de chaînes, de flingues… Mon nez a été brisé trois fois et je boite comme ça à cause d'un pic à glace qu'un gars du Ku Klux Klan m'a planté dans la cuisse. Il voulait que je l'appelle monsieur. »* À le lire, on pense à *Mississippi Burning*, le film avec Willem Dafoe et Gene Hackman sur ces trois militants des droits civiques lynchés en 1964 par le Ku Klux Klan. C'était le Sud. À Shreveport, les Williams habitent un trois-pièces aux murs de planches, posé sur un carré de pelouse. Les jours de pluie, un lac se forme sur le plancher. Les mômes dorment sur des paillasses et rangent leurs vêtements dans des boîtes en carton. Leur mère s'enduit le corps à l'huile de friture. L'école du coin s'appelle *Little Hope*, « peu d'espoir ». Richard ne comprend pas la docilité des siens : *« On nous fait croire que Dieu viendra nous sortir de là, que les rues seront pavées d'or, qu'on n'entendra plus crier à la mort… Je n'étais pas le plus futé de la ville mais rien ne me laissait penser qu'un tel miracle était sur le point d'arriver. »*

Pour nourrir ses quatre sœurs, il braconne des écureuils et des canards sauvages à la 22 Long Rifle. Sa mère redoute sa mort, le pousse à quitter l'enfer. Le voilà à 17 ans, seul dans un train pour Los Angeles. Il prend un boulot de laveur de carreaux puis de gardien de parking et a l'idée géniale d'implanter une société de sécurité privée dans les quartiers les plus violents de la ville. Les affaires tournent, il est à la tête de plusieurs petites entreprises lorsque, en 1978,

AL BELLO / GETTY IMAGES

KEN LEVINE / GETTY IMAGES

BRAD MANGIN / GETTY IMAGES

Richard Williams et ses filles à l'académie de Rick Macci, en Floride.

1992

Conférence de presse en marge du tournoi d'Oakland, en Californie.

1994
octobre

Serena et ses parents entourent Venus, 14 ans, à la veille de son premier match professionnel, à Oakland.

1994
octobre

il rencontre Oracene Price à un arrêt de bus. Elle a une crinière de lionne et trois filles d'un premier mariage. Richard n'y voit pas d'objection et tout le monde s'installe à Long Beach, un quartier prisé des surfeurs et des top models en rollers. C'est là qu'intervient l'anecdote sur Roland-Garros.

À 36 ans, Richard Williams n'a jamais joué au tennis. Il décide pourtant, comme un fou invité à une table de casino, de monter ses jetons en colonnes et de tout miser sur le même numéro. L'histoire aurait pu être celle d'un Noir de Louisiane venu grossir les rangs des SDF de Californie. En réalité ses filles cumulent plus de 110 millions de dollars de gains en tournois, sans parler des sponsors ni de la publicité. Coup de chance ? Richard Williams répond : *« Je suis le maître de la planification. »*

Oracene : enceinte, sur les courts, raquette en main

Le lendemain de sa révélation, il rédige un rapport de 78 pages, sorte de check-list des vingt années à venir, achète un tas de bouquins sur le tennis et ouvre une société à son nom, la Richard Williams Tennis Associates. Pendant deux mois, il frappe tous les jours, seul contre un mur. Quand il se présente au club avec son short en jean, pieds nus dans ses tennis, il est accueilli par les habitués en polos blancs comme l'idiot utile qu'on prend plaisir à démolir. Pendant des mois, il ne gagne pas un seul match, alors il prend des cours de danse pour l'équilibre et de boxe pour le reste : la vitesse de bras, le contrôle, les réflexes. Enceinte, Oracene le suit sur les courts, raquette à la main. Elle apprend ce qu'il apprend. Tous deux en sont convaincus, ils seront de grands entraîneurs.

En 1983, les filles ont 2 et 3 ans quand leur père franchit une étape cruciale de son plan : le déménagement à

AL BELLO / GETTY IMAGES

JAMIE SQUIRE / GETTY IMAGES

Une entrée fracassante chez les pros : Venus, non classée, écrase la 58e joueuse mondiale.

1994
octobre

Victoire en double à l'US Open, à New York.

1999

Compton, un quartier connu pour ses gangs et sa capacité à faire naître des rappeurs. Eazy-E, Snoop Dogg, Dr. Dre et Kendrick Lamar ont poussé sur ce terreau où l'on mûrit plus vite qu'ailleurs. *« J'ai pensé que là-bas, mes filles deviendraient des femmes fortes. »*
Richard Williams repère deux courts au ciment fissuré d'où s'échappent les mauvaises herbes et, pendant des mois, il doit se bagarrer pour y avoir accès. Un jour, il se réveille au bord du court avec deux côtes cassées et dix dents en moins. Il ne les a jamais remplacées et parle maintenant comme ces mineurs de Bolivie qui ont des feuilles de coca plein les joues. *« Nous pouvions entendre les coups de feu,* se souvient Serena dans son livre, *Sur la ligne,* paru en 2008. *"Ne t'occupe pas du bruit, disait Papa. Concentre-toi sur le jeu." Ce n'était pas le central de Roland-Garros mais c'était notre monde. C'était tout ce qu'on connaissait. »*

Serena : des balles râpées pour préparer Wimbledon

La méthode Williams doit beaucoup à l'improvisation. Richard part du principe que toutes les théories méritent d'être testées. Avec des raquettes cassées, il invente un exercice de lancer de raquettes, comme on lance un javelot, pour travailler le relâchement de l'épaule et améliorer le service de ses filles. Résultat, Venus et Serena servent à plus de 200 km/h, presque aussi fort que les hommes. Des plots, des balais, des arceaux, une batte de baseball, un chariot de supermarché... tout est détourné pour améliorer leur jeu de jambes, leur détente, etc. Rien n'est jeté, et surtout pas les balles. *« Il utilisait les plus dégonflées pour travailler notre vitesse,* explique Serena. *Je détestais jouer avec ces balles râpées mais papa disait qu'à Wimbledon, le rebond est bas et qu'il*

AL BELLO / GETTY IMAGES

Oracene Price, la mère, coache ses filles au même titre que leur père.

1999

AL BELLO / GETTY IMAGES

Richard, supporter pour la première finale 100 % Williams, au tournoi de Key Biscane, en Floride.

1999

GARY M. PRIOR / GETTY IMAGES

Demi-finale familiale à Wimbledon. Venus, supérieure mentalement, gagne en deux sets. Elle battra en finale Lindsey Davenport, une autre Américaine.

2000

fallait nous y préparer.» À 5 et 6 ans, les filles passent quatre heures sur les courts, tous les jours. *«Si nous arrivions avant le lever du soleil, papa nous faisait faire des étirements jusqu'à ce qu'il fasse suffisamment jour pour taper un échange.»*

Andre : « Je déteste le tennis, je le hais de tout mon cœur »

Richard Williams a peint des phrases-clés sur des panneaux qu'il accroche partout sur le court, du genre *«Venus, tu dois apprendre à écouter»*, ou *«Serena, quand tu perds, tu perds seule»*. Les deux sœurs entrent en primaire et leur monde n'est déjà plus qu'une balle jaune. *«Son grand truc, c'était qu'on ait un plan, un objectif, et qu'on l'écrive noir sur blanc,* se souvient Serena. *J'étais petite et je ne voyais pas où il voulait en venir, j'aurais préféré danser ou faire la roue dans le bac à sable.»* Quand elles en ont vraiment marre, elles s'offrent une pause en balançant une balle par-dessus le grillage.

On pense à Andre Agassi, joueur extraordinaire des années 1990, qui a décrit mieux que personne dans son autobiographie, *Open*, à quoi ressemble la prison de l'enfant prodige : *«J'ai sept ans et je parle tout seul parce que je suis effrayé et que je suis le seul qui veuille bien m'écouter. Je murmure entre mes dents. Abandonne Andre, laisse tomber. Est-ce que cela ne ressemblerait pas au paradis, Andre ? Mais c'est impossible. Non seulement mon père me poursuivrait avec ma raquette mais quelque chose dans mes tripes, une sorte de muscle profondément caché, m'en empêcherait. Je déteste le tennis, je le hais de tout mon cœur.»*

Son père a relevé le filet et transformé un lanceur de balles en lui ajoutant un cou en aluminium et une tête en métal. *«Le dragon fracasse une balle sur quatre à 160 km/h, ce qui provoque un rebond imprévisible de côté. J'ajuste*

MIKE SEGAR / REUTERS

À la soirée de « l'athlète de l'année » organisée par « Sports Illustrated », la bible du sport. Venus a remporté 35 matchs d'affilée et signé un contrat à 40 millions de dollars avec la marque Reebok.

2000

JOHN MABANGLO / AFP

Richard Williams réagit aux insultes racistes de la foule au tournoi d'Indian Wells (Californie). Il n'y a plus jamais remis les pieds.

2001

mars

mon coup à la dernière seconde et la renvoie parfaitement. Je sais que très peu d'enfants dans le monde seraient capables de voir cette balle et encore moins de la rattraper mais je ne tire aucune gloire de mes réflexes. Je ne fais que ce qu'on attend de moi. D'après mon père, si je frappe 2 500 balles tous les jours, cela fera 17 500 balles par semaine et au bout d'un an j'aurai frappé un million de balles.
Il croit aux mathématiques. Un gamin qui frappe un million de balles par an, dit-il, sera forcément imbattable.»
Le tennis est un petit monde cossu qui n'aime pas les rebelles. Parce qu'il ne ressemble à personne – et parce qu'il a passé des années à raconter n'importe quoi dans les médias – Richard Williams a mauvaise réputation. Pourtant, il n'a jamais forcé ses filles. Il l'écrit dans son livre : *« J'ai vu trop de dégâts causés par des parents qui gueulaient sur leurs mômes : "On restera sur ce putain de court jusqu'à la nuit s'il le faut !" Le tennis sera une partie de leurs vies. Une grosse partie, mais une partie seulement. »*

Rick : « Richard m'a demandé de freiner l'entraînement »

En 1991, contre l'avis de la fédération américaine, il retire ses filles du circuit junior et déménage en Floride pour intégrer l'académie de Rick Macci. Ce dernier a raconté à *Sports Illustrated* en quoi il lui a semblé être un père formidable. *« S'il avait été vraiment intéressé par l'argent, elles auraient joué des tournois à tour de bras. Or il a fait l'inverse. Je peux me rappeler cinquante fois où il m'a demandé de freiner l'entraînement parce que les notes de Venus étaient en baisse. »*
À cette époque, les sœurs Williams attirent déjà les médias. Leur père, qui sent le danger, attrape son Caméscope et les entraîne à répondre aux interviews. Serena a 11 ans lors de son premier sujet télé. Le

ANDRE DURAND / AFP

JEFF J MITCHELL / REUTERS

Les sœurs s'affrontent en finale à Roland-Garros. Un « combat de taureaux », dit leur père. Serena succède à sa sœur sur le trône de numéro un mondiale et remporte les quatre tournois du Grand Chelem d'affilée. La presse parle de « Serena Slam ».

2002
juin

Carton plein à Wimbledon, en simple comme en double.

2002
juillet

journaliste lui demande si elle a une idole, quelqu'un à qui elle aimerait ressembler. La gamine prend l'air de réfléchir un instant et dit, avec un grand sourire : *« En fait, j'aimerais que les autres aient envie de devenir comme moi. »*
Élevées comme des jumelles, Venus et Serena ne se ressemblent pas. L'une est grande, calme et élancée, l'autre musculeuse, nerveuse et massive. À la maison, il y avait quatre lits pour cinq sœurs et chaque nuit, Serena, la princesse au caractère impossible, se glissait dans les draps de Venus, son modèle, son idole. *« Elle était plus grande, plus jolie, plus rapide, plus athlétique et surtout plus aimable. Il était impossible de rivaliser avec elle. Au restaurant, ma mère me faisait commander la première sinon je prenais la même chose que Venus. »*

Venus : « J'ai le jeu pour battre n'importe qui »

Aujourd'hui, on voit Serena comme un roc inébranlable, numéro un mondiale, et de loin, à plus de 35 ans. Mais pendant longtemps, c'est Venus qui a incarné le talent. À 8 ans, dans un match de gala, elle humilie Dodo Cheney, ex-vainqueure de l'Open d'Australie, devant les caméras. Après s'être baladée sur les tournois juniors sans perdre une seule fois, Venus débarque chez les pros à 14 ans et bat, à Oakland, la 58e joueuse mondiale. Au tour suivant, elle mène 6-2, 3-0 contre Arantxa Sánchez, numéro deux mondiale.
Après le match, en conférence de presse, aussi détendue devant une forêt de micros que si elle répondait à sa meilleure amie, Venus dit : *« J'ai le jeu pour battre n'importe qui. »* Et c'est vrai. Elle impressionne parce qu'elle ne minaude pas. En France, on la découvre à 16 ans dans sa seule interview à *Tennis Magazine*. Elle le répète, elle n'a peur de personne, et surtout pas de Martina Hingis, la

ODD ANDERSEN / AFP

AL BELLO / GETTY IMAGES / AFP

Après la mort de sa grande sœur Yetunde, Serena est en perdition. À Londres, elle casse des raquettes, enchaîne les défaites et dégringole au-delà de la 160ᵉ place.

2005
juillet

À Wimbledon, Richard et Venus veillent sur Serena, éliminée au 3ᵉ tour par une inconnue.

2005
juillet

Serena signe sa première autobiographie, « Sur la ligne », à 27 ans.

2008

nouvelle reine du tennis. *« Est-ce le début d'une longue rivalité ?* demande le journaliste.
– Peut-être. En tout cas, jusqu'à ce que ma petite sœur arrive au plus haut niveau.
– Elle est très forte ?
– Elle est agressive. Si demain on doit s'affronter, ce sera chacun pour soi. Je n'aime pas perdre, elle non plus. De l'autre côté du filet, ce sera comme quelqu'un que je ne connais pas. »

Yannick : « Des grandes gueules, bourrées de peps »

L'ère Williams commence là, en 1997, quand deux gamines aux têtes tressées et sourires bagués déboulent en semant des perles à chaque coup droit. Il faut sept heures à leur mère pour les enlever, cinq heures pour les remettre, et c'est l'unique moment où Venus et Serena restent assises. Le reste du temps, elles foncent. Venus ? Finale de l'US Open dès sa première participation. Serena ? En huit mois, la 453ᵉ joueuse mondiale intègre le top 20. Yannick Noah les compare à Michael Jordan : *« Elles ont fait sortir le milieu du politiquement correct. Ce sont des grandes gueules, bourrées de peps, pétries d'attitudes. »*
Elles ont l'insolence de ceux qui se savent au-dessus du lot. Pour sa deuxième saison pro, Serena prédit sa victoire à Wimbledon : *« Je ne vois pas pourquoi il en serait autrement. »* Ce à quoi Venus répond : *« Je prendrai Roland-Garros. »* On aurait tort d'y voir de la frime. Il se dégage de ces filles une confiance incroyable. Quand Serena explique qu'elle tire *« un plaisir immense à écraser [ses] adversaires »*, elle rappelle Mike Tyson, le boxeur qui avouait après un combat, en 1986 : *« J'aime faire mal. J'ai cherché l'arête du nez pour lui enfoncer l'os dans le cerveau. »*
Le premier accroc dans ce plan parfait intervient en 2001, au tournoi d'Indian Wells, en Californie.

PATRICK KOVARIK / AFP

EDUARDO MUNOZ / REUTERS

2010
juin

Venus est éliminée au 4e tour à Roland-Garros. Quelques mois plus tard, elle annoncera qu'elle souffre du syndrome de Sjögren, une maladie auto-immune.

2012

Les sœurs font la couverture du « New York Times Magazine » après leurs nouvelles médailles d'or olympiques. Chacune en a quatre.

2015
septembre

Serena à l'US Open. Redevenue numéro un mondiale avec l'entraîneur français Patrick Mouratoglou, elle boucle à nouveau le « Serena Slam ».

Blessée, Venus se retire de la demi-finale qu'elle doit jouer contre Serena. Une folie se répand : le père tire les ficelles, il arrange leurs matchs. Le lendemain, en finale, 16 000 personnes chauffées par la haine accueillent Serena Williams.

Un spectateur : « Casse-toi sale nègre ! »

« Une pluie de laideur s'abattait sur moi, dit-elle. *J'ai levé les yeux et ce que j'ai vu était une mer de gens riches, âgés et blancs, en train de hurler comme pour un lynchage public. J'ai entendu deux fois le mot négresse. »* En rejoignant sa place, Richard Williams brandit un poing serré, comme l'avaient fait les sprinteurs Tommie Smith et John Carlos aux JO de Mexico, en 1968, pour protester contre la discrimination des Noirs aux États-Unis. Pour lui, c'est un retour à Shreveport. *« Casse-toi sale nègre ! »*, crie un type. *« Les années 60 me manquent, on t'aurait brûlé vif »*, gueule un autre. Voilà l'ambiance. Le match est sur YouTube, regardez-le, c'est sans doute l'un des seuls de l'histoire du sport où une Américaine, aux États-Unis, est sifflée de la première à la dernière balle.
Au milieu du deuxième set, Serena pleure dans sa serviette. *« Vous voulez me faire croire que cette foule entièrement blanche n'était pas en train de s'en prendre à une fille de 19 ans à cause de la couleur de sa peau ? Je n'achèterai pas ces salades,* écrit-elle dans son livre. *J'étais là, j'étais la cible, vous n'avez aucune idée de ce que ça fait de recevoir du vitriol dans la figure. »*
Le plus incroyable, c'est qu'elle a remporté cette finale. Au micro, elle a remercié son père et lancé à la foule : *« Je vous aime quand même ! »*
La suite est une litanie de victoires qui se comptent en Grands Chelems et en nombre de semaines de l'une ou l'autre à la première place mondiale. Le plan fonctionne, Richard Williams

2015 décembre

À 34 ans, Serena est élue « athlète de l'année » par « Sports Illustrated ». Une distinction rare pour une femme.

2016

Elle est invitée par Beyoncé à danser dans le clip d'une chanson de « Lemonade », album engagé pour la cause des Noirs aux États-Unis.

AFP

2016 juillet

À Wimbledon, quatorzième finale et quatorzième victoire en double pour les sœurs Williams. Le lendemain, Serena remporte son 22e titre du Grand Chelem en simple, égalant le record de Steffi Graf.

en a fait des championnes. Et puis, un soir de septembre, en 2003, alors qu'elle tourne une pub à Toronto, Serena reçoit un appel de sa mère. Yetunde, leur grande sœur, a été tuée à Compton, le quartier chaud de leur enfance. Une balle perdue. Elle avait 31 ans.

Serena : dépression, blessure, chute et rédemption

Venus tient le choc, pas Serena. Elle n'a plus envie et c'est la pire des choses qui puisse arriver à un sportif. *« Le tennis tient de la réclusion solitaire »*, disait Agassi. Se battre chaque année à la même époque sur les mêmes courts face aux mêmes joueurs... Le circuit est un cercle fermé. Il faut être un robot pour tenir aussi longtemps sans se poser la question « à quoi bon ? » *« L'entraînement me pesait, je le ressentais dans chacune de mes cellules. J'ai commencé à voir un psychiatre une fois par semaine, puis deux »*, raconte Serena. En 2006, elle pleure au milieu d'un match, s'invente une blessure et s'enferme chez elle pendant un mois et demi. Elle dégringole à la 139e place mondiale. Venus la suit : elle sort du top 40.
C'était il y a dix ans, elles avaient 25 et 26 ans, elles étaient vieilles, bonnes pour une retraite de consultantes sur une chaîne câblée. Pourtant, elles courent toujours. Malgré la maladie auto-immune, le syndrome de Sjögren, qui affaiblit Venus et la routine du succès dans laquelle s'est enfermée Serena – elle a remporté tous les trophées trois ou quatre fois. Alors, pourquoi ?
Arrêter une carrière, c'est grimper à l'échelle du grand plongeoir, avancer ses orteils au plus près du vide, et sauter. On trouve toujours une bonne raison d'invoquer le vertige. Venus parle de plaisir et Serena de records, mais elles disent la même chose : la victoire est une drogue formidable •

GORDON PARKS / FONDATION GORDON PARKS

Mémoire

Il était une fois en Alabama

Au milieu des années 1950, **Gordon Parks**, *premier photographe noir du magazine « Life », fait étape en Alabama, au cœur de l'Amérique raciste.*

Devant un cinéma à Mobile, Alabama. « Nous ne sommes pas entrées, je ne voulais pas que ma nièce ait à passer par la porte de derrière », expliquait cette femme, Joanne Wilson, au journaliste du « New York Times » qui l'a retrouvée en 2013.

Quand il débarque en Alabama à l'été 1956, Gordon Parks sait que l'appareil photo qu'il tient en poche peut lui coûter la vie. Né dans un coin du Kansas où le shérif a tué plusieurs de ses amis noirs, le photographe a remarqué qu'ici aussi, *« l'homme noir regarde l'homme blanc sans s'attarder »*.

En ces années de guerre froide, Birmingham, où il vient d'atterrir, est la capitale de l'Amérique raciste. Une Amérique fébrile depuis que, six mois plus tôt, une femme noire a refusé de céder sa place à un passager blanc dans un bus à 100 kilomètres de là. Condamnée à payer 10 dollars d'amende, Rosa Parks a fait appel. Pour la soutenir, un jeune pasteur du nom de Martin Luther King est en train d'organiser le boycott des bus de Montgomery, capitale de l'État.

Le bras de fer pour les droits civiques est engagé alors que dans le sud des États-Unis, dix millions de Noirs continuent de subir lynchages et ségrégation. Dans le Mississippi, prononcer le mot « égalité » peut vous envoyer en prison. En Floride, les mariages entre Blancs et Noirs sont interdits. Cinémas, écoles, salles d'attente, parcs de jeux : partout, des panneaux *« colored »* et *« white »* veillent au respect de la séparation des « races ».

Chargé par le magazine *Life* de réaliser un reportage sur les conditions de vie des *« Négros »* – c'est la formule employée par le journal à l'époque –, Gordon Parks se sait en *« territoire ennemi »*. Le boulot serait périlleux pour n'importe quel photographe, il tient de la mission suicide pour le premier Noir de l'histoire à avoir intégré la rédaction du prestigieux hebdomadaire.

Pour l'épauler, le reporter a demandé un assistant *« jeune, intelligent, courageux et connaissant bien le Sud »*. Sam Yette est son homme. Un matin brûlant, alors qu'ils tuent le temps devant une épicerie, une silhouette trempée de sueur s'écroule à leur hauteur. Willie Causey, 55 ans, n'a pas de quoi se payer un coca. Sam lui en offre un. *« Après deux hot-dogs et une pointe de persuasion, Willie Causey est devenu mon sujet »*, raconte Parks dans ses mémoires. Pendant une semaine, le reporter et son assistant dorment sous le porche des Causey. Willie habite un deux-pièces de planches vermoulues à deux pas d'une porcherie avec sa femme et cinq de ses enfants d'un premier mariage. Son épouse, Allie Lee, est enseignante. La baraque en bois qui lui sert d'école accueille plus d'une centaine d'enfants. Il n'y a pas de toilettes, pas de lavabo, un poêle à bois assure le chauffage en hiver. Les routes de terre du hameau, noir à 95 %, sont impraticables à la moindre pluie.

Comme la plupart des Noirs du Sud, Willie Causey ne vote pas. Il est incapable de lire les dix premiers amendements de la Constitution américaine, condition nécessaire pour obtenir le droit de glisser un bulletin dans une urne en Alabama. Après la disparition de l'esclavage, au lendemain de la guerre de Sécession, les anciens États confédérés ont aménagé le droit de vote de sorte à en écarter la majorité des Noirs.

« Les gens posent des questions sur vous. Ça sent mauvais, les Blancs vont venir ici. »

Willie Causey au photographe Gordon Parks

Les lois ségrégationnistes n'ont pourtant pas empêché Willie de monter son affaire. *« Il possède son propre équipement pour couper du bois, des outils électriques et un camion, et peut largement se mesurer aux travailleurs blancs »*, écrit *Life*. Le bûcheron ne partage pas forcément l'assurance du magazine. Au matin du septième jour, il s'approche de Parks la mine tendue : *« Les gens posent des questions sur vous. Ça sent mauvais, les Blancs vont venir ici. »*

Le photographe et son assistant quittent les lieux en catastrophe. Pour assurer leur sécurité, *Life* a dépêché un Blanc chargé de veiller sur eux mais « Freddie », comme Parks le surnomme dans ses écrits, trouve fantaisiste la commande du magazine : *« Il n'y a pas assez de ségrégation à Birmingham pour justifier un reportage »*, grogne-t-il.

« Freddie » est à ce point contrarié qu'il a fait le choix surprenant de s'attacher les services du Ku Klux Klan local pour assurer la « protection » de l'équipe. Quand Parks s'en aperçoit, il réclame la mise à pied de son accompagnateur. En vain : les deux hommes doivent continuer à travailler ensemble, même si le photographe a la sensation d'être suivi. Forcément, quand Freddie lui promet de *« veiller sur Willie »* après son départ, il n'est pas rassuré.

Deux mois plus tard, *Life* publie douze pages sur *« Les entraves visibles et cachées »* qui condamnent les Noirs à une vie de seconde zone dans le sud des États-Unis. Au centre du reportage, on retrouve le beau-père de Willie. Fils d'esclave, Albert Thornton, 82 ans, a élevé neuf enfants. Quatre sont allés à l'université. Avec eux, Parks raconte les frustrations et les espoirs d'une communauté qui subit, tête basse, depuis plus d'un siècle.

Vingt-quatre heures après la publication, les ennuis commencent pour Willie Causey. Alors qu'il a envoyé son gamin faire le plein, le fils revient à pied : un homme a profité de son arrêt à la station-service pour embarquer le camion. Les *« boss »* n'ont pas apprécié que *Life* s'autorise à comparer le travail de Willie à celui des Blancs. D'autant que le bûcheron, estiment-ils, ne possède ni son pick-up, ni ses outils, achetés à crédit.

« On t'a acheté un camion et une scie, on t'a laissé couper du bois, on t'a payé au même tarif que tout le monde et tu nous fais ça ? sermonne le propriétaire du terrain sur lequel il bûcheronne. *T'étais un bon Willie, mais c'est fini. »* En ville, tout le monde se met d'accord pour le mettre au chômage. Willie n'a plus le droit de couper du bois et les magasins refusent de le servir. *« S'il pensait avoir des entraves, qu'il attende de voir ce qui va lui arriver »*, jubile la propriétaire de la station-service, Mrs McPhearson.

Une semaine plus tard, la femme de Willie est convoquée par le rectorat. Ses membres ne digèrent pas une citation attribuée à l'enseignante dans le magazine : *« L'intégration est la seule voie qui nous rendra la justice. »* Sur un ton paternel, l'intendant se fait grave : *« Nous n'avons pas l'habitude d'entendre le mot intégration par ici. »* Allie Lee Causey est suspendue.

Le matin suivant, la famille décide de plier bagages. *Life* lui offre 25 000 dollars pour compenser les dégâts causés par la parution de l'article et deux éditeurs sont envoyés sur place pour tenter de récupérer les biens « confisqués » aux Causey. Ils n'ont pas foulé le parvis de la mairie qu'ils sont accueillis par un comité armé de fusils : *« Si Willie tient à la vie, qu'il ne remette jamais les pieds ici. Et si on attrape ce nègre qui a fait les photos, qu'il sache qu'on a du goudron, des plumes et tout ce qu'il faut pour y mettre le feu. »* •

Mathilde Boussion

FONDATION GORDON PARKS

En 1948.

Les mille et une vies de Gordon Parks

« *Nous étions pauvres,* écrit Gordon Parks, *mais nous ne le savions pas.* » À la maison, son père se débrouille toujours pour mettre de quoi manger sur la table pendant que sa mère lui apprend à avancer tête droite dans un monde hostile. La routine inclut l'école séparée des Blancs, la section réservée au Noirs au cinéma et les insultes – « *noiraud* », « *nègre* », « *cireur de chaussures* ».

Né en 1912, dernier d'une fratrie de seize, Parks doit quitter à la mort de sa mère les prairies de son Kansas natal pour les hivers glacés du Minnesota. Envoyé chez une de ses sœurs du côté de Minneapolis, il est mis à la porte par son beau-frère deux jours avant Noël. Parks a 15 ans et nulle part où aller. Dehors, il fait - 30 °C.

Pour survivre, il sera pianiste dans un bordel, basketteur, garde forestier, avant d'atterrir comme serveur dans les trains de la Northern Pacific Railway. Il découvre Chicago, Seattle et les magazines abandonnés par les passagers. Les reportages de la Farm Security Administration (FSA), un projet de photo documentaire créé à l'initiative du président Roosevelt, l'hypnotisent. Parks s'achète un appareil pour 7,50 dollars.

Proposant ses services au culot, il est repéré par le milieu de la mode, mais c'est le journalisme qui l'intéresse. Il veut « *s'attaquer au démon de la pauvreté* ». Ses premières images des taudis de Chicago lui permettent de rejoindre l'équipe de la FSA à Washington en 1941. Après dix années de piges, un sujet sur les gangs de Harlem lui ouvre les portes du magazine *Life*.

Le gamin du Midwest côtoie les plus grands photographes, les plus grandes stars de la mode, du cinéma, de la littérature. Ses images du quotidien de la communauté noire en pleine bataille pour les droits civiques en font une légende, mais pas seulement : en 1969, Gordon Parks devient également le premier réalisateur noir de Hollywood. Quand il meurt en 2006, on croit les images d'Alabama définitivement perdues. Elles sont retrouvées six ans plus tard au fond d'un carton.

GORDON PARKS / FONDATION GORDON PARKS

◀ *Willie Causey est père de dix enfants, cinq vivent sous son toit. Shady Grove, Alabama, 1956.*
▲ *Samuel Louis, 10 ans, le benjamin.*
▲ *Dans les faubourgs de Mobile, la troisième ville d'Alabama, vit la belle-famille de Willie, au centre du reportage de Gordon Parks.*

▲ *Mr et Mrs Thornton, les beaux-parents de Willie Causey. Dans leur enfance, les panneaux « colored » et « white » n'existaient pas.*
▲ *Minnie Louise, la fille de Willie, fait la lessive.*
▶ *Shady Grove, Alabama.*

GORDON PARKS / FONDATION GORDON PARKS

GORDON PARKS / FONDATION GORDON PARKS

Une des images, non publiées dans le magazine « Life », retrouvées après la mort de Gordon Parks.

▲ *Willie Causey achète le droit de bûcheronner à un Blanc, propriétaire du terrain.*
▲ *Un des fils de Willie à Shady Grove, Alabama.*
▶ *Jeff et Samuel Louis, deux des fils de Willie. Ils n'ont jamais entendu parler des Yankees ou des Dodges, deux des plus célèbres équipes de base ball américaines. Ils n'ont même jamais joué au base ball.*

GORDON PARKS / FONDATION GORDON PARKS

GORDON PARKS / FONDATION GORDON PARKS

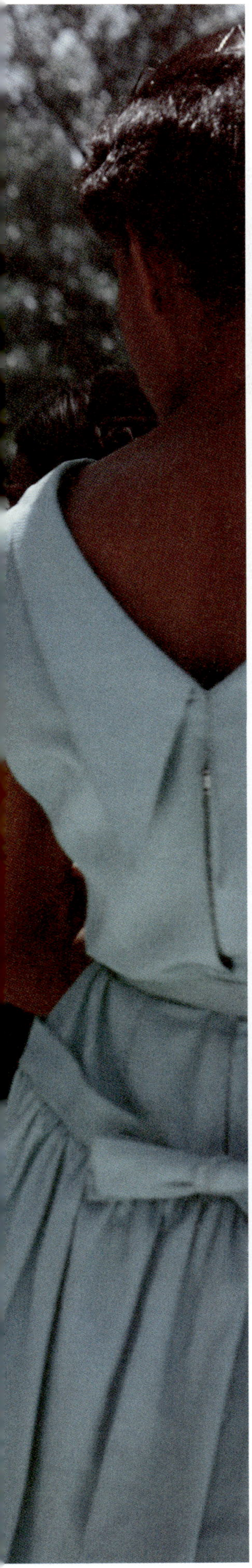

◀ *Sur le parvis de l'église de Shady Grove.*
▲ *Enterrement dans le cimetière noir de Shady Grove.*
▲ *L'église baptiste de la communauté noire de Mobile. À l'époque, des églises noires sont incendiées par le Ku Klux Klan presque toutes les semaines dans le Sud profond des États-Unis.*

▲ *Mrs Thornton, la belle-mère de Willie, fait du lèche-vitrines avec l'une de ses petites-filles. Pour compléter leur maigre pension, Mr Thornton élève une vache et cultive des légumes. Chaque dépense est un sacrifice.*
▲ *Un fast-food à deux comptoirs, l'un pour les Blancs, l'autre pour les « Colored ».*
▶ *Au-delà de la grille, une aire de jeu réservée aux enfants blancs.*

GORDON PARKS / FONDATION GORDON PARKS

« SOMMES-NOUS LE PAYS DE LA LIBERTÉ SAUF POUR LES NÈGRES ? »

Le 11 juin 1963, tandis que les manifestations en faveur des droits civiques se multiplient aux États-Unis, le président **John Kennedy** *appelle de ses vœux la fin de la ségrégation. Le Civil Rights Act, qui rend illégale la discrimination, sera adopté l'année suivante.*

« Cet après-midi, suite à de nombreuses menaces et déclarations provocantes, la présence de la garde nationale a été requise sur le campus de l'université de l'Alabama pour faire appliquer une décision de justice claire et sans appel. Ce jugement exigeait l'admission de deux jeunes résidents de l'Alabama largement qualifiés qui se trouvent être nègres. (...)

J'espère que chaque Américain, où qu'il soit, prendra le temps d'effectuer un examen de conscience à ce sujet ainsi que sur les nombreux incidents qui y sont liés. Cette nation a été fondée par des hommes de nationalités multiples issus de tous les milieux. Elle a été fondée sur l'idée que tous les hommes naissent égaux et que porter atteinte aux droits d'un seul menace ceux de tous les autres.

Aujourd'hui, nous sommes engagés dans un combat mondial visant à promouvoir et protéger les droits de tous ceux qui souhaitent être libres. Quand des Américains sont envoyés au Vietnam ou à Berlin-Ouest, nous n'envoyons pas que les Blancs. Par conséquent, il devrait être possible à tous les étudiants américains, quelle que soit leur couleur de peau, d'intégrer le cursus de leur choix sans avoir à être escortés par des militaires. Il devrait être possible à tous les consommateurs américains, quelle que soit la couleur de leur peau, d'être servis de la même manière dans tous les établissements ouverts au public, hôtels, restaurants, cinémas, magasins, sans avoir à manifester ; et il devrait être possible à tous les citoyens américains, quelle que soit la couleur de leur peau, de voter sans entraves et sans peur de représailles. (...)

Le cœur de la question, c'est de savoir si tous les Américains pourront jouir des mêmes droits et des mêmes chances, de savoir si nous allons traiter nos concitoyens comme nous voulons être traités. Si un Américain, parce que sa peau est foncée, ne peut déjeuner dans un restaurant public, s'il ne peut pas envoyer ses enfants dans la meilleure école publique possible, s'il ne peut pas voter pour les responsables qui le représenteront, si, en bref, il ne peut profiter pleinement et librement de la vie que nous souhaitons tous, alors qui, parmi nous, serait satisfait d'avoir sa couleur de peau et de se retrouver à sa place ? Qui, parmi nous, se contenterait d'écouter les appels à la patience ?

Cent ans se sont écoulés depuis que le président Lincoln a libéré les esclaves et pourtant, leurs héritiers, leurs petits-enfants, ne sont toujours pas libres. Ils ne sont toujours pas libérés des chaînes de l'injustice. Ils ne sont toujours pas libérés de l'oppression sociale et économique. Et cette nation, malgré tous les espoirs et la fierté qu'elle suscite, ne sera pas entièrement libre tant que tous ses citoyens ne le seront pas également.

Nous prêchons la liberté à travers le monde, nous y croyons, et nous chérissons la liberté qui est la nôtre. Mais allons-nous dire au monde, et surtout à nous-mêmes, que nous sommes le pays de la liberté sauf pour les Nègres ? Que nous n'avons pas de citoyens de seconde classe sauf les Nègres ? Que nous n'avons aucun système de classe sociale, de caste, aucun ghetto ni concept de race supérieure sauf quand il s'agit des Nègres ?

Le temps est venu que cette nation tienne sa promesse. Les événements de Birmingham et d'ailleurs font résonner tellement fort les appels à l'égalité qu'aucune ville, aucun État, aucun organe législatif ne peut décemment les ignorer. Les feux de la frustration et de la discorde brûlent dans chaque ville, du Nord et du Sud, partout où les tribunaux ne sont d'aucun secours. Dans les rues, les manifestations, les marches et les protestations demandent réparation, créant des tensions qui risquent

QUATRE FOIS PAR AN
LE MEILLEUR DU JOURNALISME

J'aime

JE M'ABONNE POUR
1 AN

Au sein de la rédaction, Christine Blaise s'occupe exclusivement des abonnés : **c.blaise@rollinpublications.fr**

Également disponible sur le site **www.revue21.fr** qui offre un paiement sécurisé par Internet. Vos données sont strictement personnelles ; les fichiers ne sont ni loués ni vendus à des tiers.

QUATRE FOIS PAR AN
LE MEILLEUR DU JOURNALISME

J'aime beaucoup

JE M'ABONNE POUR
2 ANS

Au sein de la rédaction, Christine Blaise s'occupe exclusivement des abonnés : **c.blaise@rollinpublications.fr**

Également disponible sur le site **www.revue21.fr** qui offre un paiement sécurisé par Internet. Vos données sont strictement personnelles ; les fichiers ne sont ni loués ni vendus à des tiers.

QUATRE FOIS PAR AN
LE MEILLEUR DU JOURNALISME

J'aime avec passion

JE M'ABONNE PAR
PRÉLÈVEMENT
AUTOMATIQUE

Au sein de la rédaction, Christine Blaise s'occupe exclusivement des abonnés : **c.blaise@rollinpublications.fr**

Également disponible sur le site **www.revue21.fr** qui offre un paiement sécurisé par Internet. Vos données sont strictement personnelles ; les fichiers ne sont ni loués ni vendus à des tiers.

QUATRE FOIS PAR AN
LE MEILLEUR DU JOURNALISME

J'aime à la folie

J'ABONNE QUELQU'UN
EN CADEAU

Au sein de la rédaction, Christine Blaise s'occupe exclusivement des abonnés : **c.blaise@rollinpublications.fr**

Également disponible sur le site **www.revue21.fr** qui offre un paiement sécurisé par Internet. Vos données sont strictement personnelles ; les fichiers ne sont ni loués ni vendus à des tiers.

OUI, je m'abonne à *XXI* pour deux ans, soit 8 numéros.

À partir du n° ____

○ M. ○ Mme
Prénom ______ Nom ______
Adresse ______
______
Code postal |_|_|_|_|_| Ville ______
Pays ______
E-mail ______

○ France métropolitaine, Dom-Tom, **124 €** port compris.
○ Zone euro et Suisse, **134 €** port compris.
○ Reste du monde, **144 €** port compris.

Je joins un chèque du montant de l'abonnement à l'ordre de Rollin Publications et je renvoie l'ensemble à :
XXI – Service des abonnements, 27 rue Jacob, 75006 Paris

Date ______ Signature

OUI, je m'abonne à *XXI* pour un an, soit 4 numéros.

À partir du n° ____

○ M. ○ Mme
Prénom ______ Nom ______
Adresse ______
______
Code postal |_|_|_|_|_| Ville ______
Pays ______
E-mail ______

○ France métropolitaine, Dom-Tom, **62 €** port compris.
○ Zone euro et Suisse, **67 €** port compris.
○ Reste du monde, **72 €** port compris.

Je joins un chèque du montant de l'abonnement à l'ordre de Rollin Publications et je renvoie l'ensemble à :
XXI – Service des abonnements, 27 rue Jacob, 75006 Paris

Date ______ Signature

OUI, j'abonne quelqu'un d'autre à *XXI* en cadeau pour 1 an (4 ex.) ou 2 ans (8 ex.).

À partir du n° ____

Je donne les coordonnées du destinataire de l'abonnement.
○ M. ○ Mme
Prénom ______ Nom ______
Adresse ______
______
Code postal |_|_|_|_|_| Ville ______
Pays ______
E-mail ______

Je donne mes coordonnées pour être joint en cas de problème.
○ M. ○ Mme
Prénom ______ Nom ______
E-mail ______

Pour 1 an
○ France métropolitaine, Dom-Tom, **62 €** port compris.
○ Zone euro et Suisse, **67 €** port compris.
○ Reste du monde, **72 €** port compris.

Pour 2 ans
○ France métropolitaine, Dom-Tom, **124 €** port compris.
○ Zone euro et Suisse, **134 €** port compris.
○ Reste du monde, **144 €** port compris.

Je joins un chèque du montant de l'abonnement à l'ordre de Rollin Publications et je renvoie l'ensemble à :
XXI – Service des abonnements, 27 rue Jacob, 75006 Paris

Date ______ Signature

OUI, je m'abonne à *XXI* par prélèvement automatique.

À partir du n° ____

○ France métrop., Dom-Tom, **15,50 € par trimestre,** port compris.
○ Zone euro et Suisse, **16,75 € par trimestre,** port compris.
○ Reste du monde, **18 € par trimestre,** port compris.

Autorisation de prélèvement
J'autorise l'établissement teneur de mon compte à effectuer sur ce dernier, si la situation le permet, les prélèvements ordonnés par XXI / Rollin Publications. En cas de litige, je pourrais faire arrêter l'exécution des prélèvements sur simple demande adressée à l'établissement teneur de mon compte.

Titulaire du compte à débiter
Prénom ______ Nom ______
Adresse ______
Code postal |_|_|_|_|_| Ville ______ Pays ______
E-mail ______

Établissement titulaire du compte à débiter
Document réservé aux titulaires d'un compte domicilié en France.
Établissement ______ Adresse ______
______
Code postal |_|_|_|_|_| Ville ______

Désignation du compte à débiter
Code banque |_|_|_|_|_| Code guichet |_|_|_|_|_|
N° de compte |_|_|_|_|_|_|_|_|_|_|_| Clé RIB |_|_|

Organisme créancier
XXI / Rollin Publications – 27 rue Jacob, 75006 Paris
N° national d'émetteur : 555102

Date ______ Signature

Merci de joindre impérativement ***un relevé d'identité bancaire (RIB)*** *à ce formulaire d'abonnement rempli.*

BILL HUDSON / AP / SIPA

En 1963, emmenée par Martin Luther King, la communauté noire de Birmingham entame une campagne de manifestations pacifiques pour réclamer la fin de la ségrégation. La répression sévère déclenche une vague d'indignation mondiale. Publiée en une du « New York Times », cette image attirera l'attention du président Kennedy. Il l'évoquera au cours d'une réunion à la Maison Blanche.

d'engendrer des violences et de mettre les vies en péril.

Nous traversons une crise morale en tant que pays et en tant que peuple. Elle ne saurait être résolue par la répression. Elle ne peut pas être laissée aux manifestations grandissantes dans les rues. Elle ne peut être calmée par une poignée de mesures symboliques ou par des discours. Il est temps d'agir au Congrès, dans votre État, à l'échelon local et surtout, dans tous les aspects de votre vie quotidienne. Blâmer les autres, dire que c'est le problème de telle ou telle partie du pays ou déplorer ce qui se passe ne suffit pas. Un changement majeur est à portée de main et notre tâche, notre obligation, est de faire cette révolution, ce changement constructif et paisible dans l'intérêt de tous. Ceux qui ne font rien se couvrent de honte et invitent à la violence. Ceux qui agissent avec audace font le choix de la justice et de la réalité. (...)

C'est pourquoi je demande au Congrès de promulguer une loi garantissant à tous les Américains le droit d'être servis dans les lieux ouverts au public : hôtels, restaurants, théâtres, magasins et établissements similaires. Ceci me semble être un droit élémentaire. Le bafouer est un affront arbitraire qu'aucun Américain ne devrait plus subir en 1963, mais beaucoup le subissent encore. (...)

« Cent ans se sont écoulés depuis que le président Lincoln a libéré les esclaves et pourtant, leurs héritiers, leurs petits-enfants, ne sont toujours pas libres. »

Mes chers concitoyens américains, c'est un problème auquel nous sommes tous confrontés, dans chaque ville du Nord comme du Sud. Aujourd'hui, il y a des Nègres sans emploi, deux ou trois fois plus que des Blancs, ayant une éducation insuffisante, déménageant dans les grandes villes, incapables de trouver un travail, en particulier des jeunes sans travail et sans espoir, à qui l'on refuse des droits, à qui l'on refuse la possibilité de manger dans un restaurant ou un bar, d'entrer dans un cinéma, d'accéder à une éducation convenable, d'intégrer une université publique malgré leurs aptitudes. Il me semble que ces sujets nous concernent tous, pas seulement les Présidents, les membres du Congrès ou les gouverneurs, mais chaque citoyen des États-Unis.

Nous sommes un pays unifié. Nous le sommes devenus car nous, et tous ceux qui sont arrivés ici avant nous, avons bénéficié des mêmes chances de développer nos talents. Nous ne pouvons pas dire à 10 % de la population qu'ils n'ont pas droit à cette égalité des chances, que leurs enfants n'auront pas l'opportunité de développer leurs talents, que la seule façon d'obtenir ce droit est de manifester dans les rues. Je pense que nous leur devons et que nous nous devons d'avoir un pays meilleur que cela.

Par conséquent, je vous demande de m'aider à aller de l'avant, de m'aider à offrir le type d'égalité de traitement que nous souhaiterions pour nous-mêmes et à donner à chaque enfant la possibilité de recevoir une éducation à la hauteur de ses capacités. » •

Extraits du discours de John Fitzgerald Kennedy le 11 juin 1963. Traduit de l'anglais (États-Unis) par Mathilde Boussion.

L'album de famille

Les complices

Aina et Tage coulent des jours tranquilles dans leur cabanon au bord de la mer Baltique. Leur petite-fille, **Rebecka Uhlin**, *se plaît à observer leur complicité.*

Chaque année à la belle saison, Aina et Tage, 84 et 86 ans, s'installent dans leur cabanon près de Docksta, un hameau du Golfe de Botnie, en Suède. Leur quotidien est rythmé comme du papier à musique. Le matin, Aina écoute la météo – marine, c'est plus sûr – sur son poste de radio et la consigne soigneusement dans son carnet. Qu'il fasse grand froid ou grand beau, elle part se promener en forêt avec son mari sans oublier le thermos de café et les biscuits. L'après-midi est consacré aux travaux de la maison et du potager. Le soir venu, ils s'endorment l'un au-dessus de l'autre dans des lits superposés, dans une chambre pas plus grande qu'un placard. Enfant, leur petite fille venait passer ses vacances dans leur maison de poupée. Rebecka Uhlin garde de ces étés des souvenirs dorés comme la lumière de ses photos. Aina et Tage la couvrent alors d'attentions bienveillantes. Aina l'emmène nager dans la mer, tout près de la maison. Tage la prend en photo : pendant l'année, il tire le portrait des habitants d'Umeå, leur résidence principale, où il possède un studio professionnel. Pendant les vacances, il n'a d'yeux que pour sa petite-fille chérie.
Rebecka a grandi, le vieil appareil Hasselblad de Tage s'est retourné sur son propriétaire. Devenue photographe, Rebecka Uhlin s'en saisit pour raconter les jours tranquilles de ses grands-parents. *« Quand j'ai commencé le projet, en 2011, je m'interrogeais sur leur relation : leur rencontre n'a rien eu d'un coup de foudre. Pourtant, soixante ans plus tard, ils sont encore inséparables. Comment est-ce possible ? »*, se demande la jeune Suédoise.

L'idée insoutenable « de se retrouver l'un sans l'autre »

Ils se sont rencontrés lors d'une fête de village : Tage, 20 ans, s'occupait de la musique. Aina, de deux ans sa cadette, lui a donné un coup de main pour porter le tourne-disques. Quelques années plus tard, les deux jeunes ont fini par se marier, *« parce qu'à l'époque c'était comme ça »*, ont-ils expliqué à Rebecka. *« Lorsque j'ai perdu mon père, je les ai vus tremblant à l'idée de se retrouver l'un sans l'autre, comme cela arrivait soudain à leur fille. J'ai compris à quoi tenait leur cocon : ils prennent soin l'un de l'autre en permanence. »* Comme cette fois où Tage était un peu malade. Aina a décidé de prendre un « jour de congé » pour rester à ses côtés. Le couple d'octogénaires a passé la journée sur la terrasse à lire, dormir, faire des mots croisés et boire le café. Rebecka Uhlin a pris goût aux douces heures passées en leur compagnie. *« Les photographier me fait du bien, c'est une forme de méditation. »* Récompensée par une bourse, la trentenaire retourne dès qu'elle le peut au cabanon de Docksta. Aina et Tage ne saisissent pas bien l'intérêt de ses images, mais ils sont très fiers de leur petite-fille. Ils ont accroché ses photos un peu partout dans la maison •

Victoria Scoffier

*« Le drapeau suédois accroché sur la maison d'invités est cassé.
Grand-mère tient l'échelle, ça m'amuse parce que ça ne sert pas à grand-chose. »*

« Mes grands-parents ont construit le cabanon en 1961. »

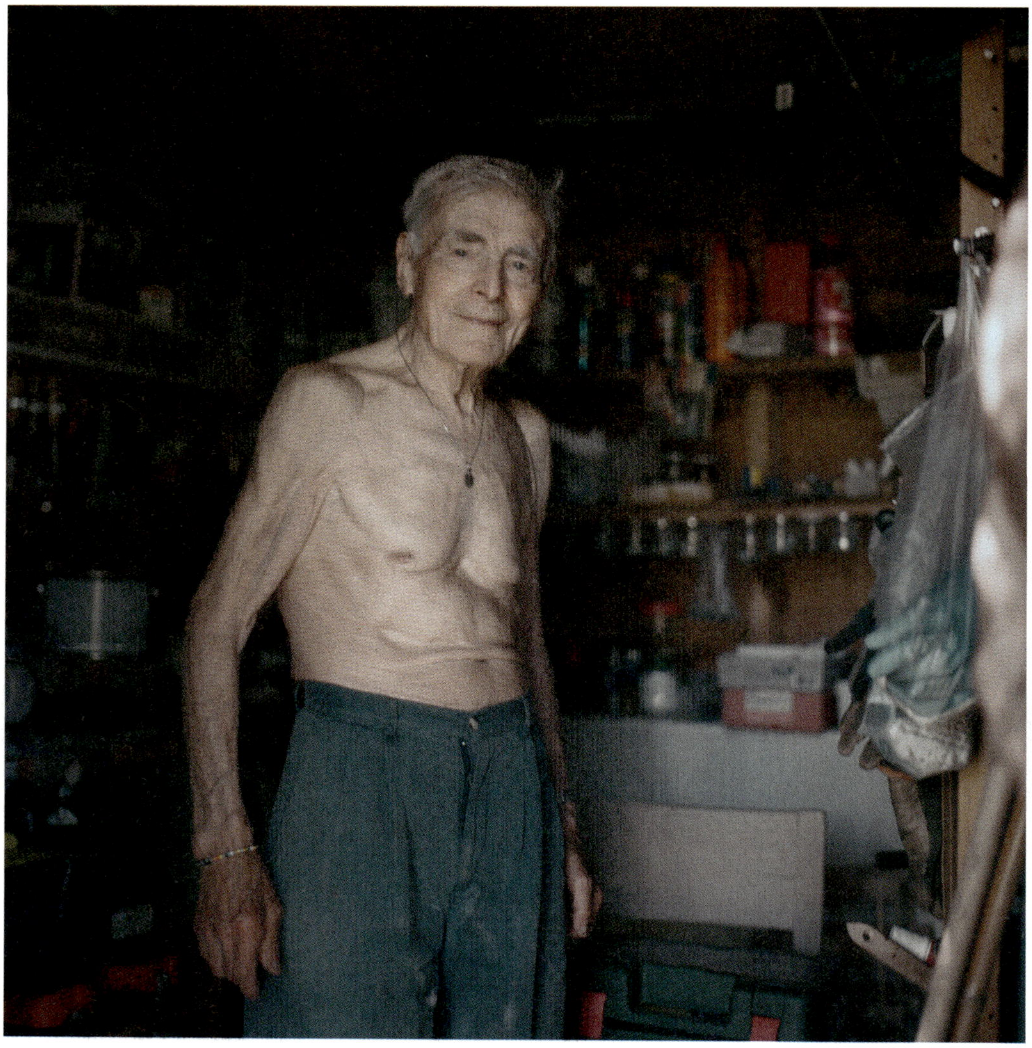

« Quand j'ai pris la photo, je l'ai trouvé très beau. Je le lui ai dit. Il n'a pas l'habitude de l'entendre. »

« Grand-père et grand-mère ont gagné un déjeuner au Dockstabaren, une sorte de restaurant routier local. »

« Bain de pieds sur la galerie. »

« Grand-mère avait cousu sa robe de mariée elle-même. Elle est un peu nostalgique en la regardant. »

« Grand-père, en 2012. »

« Excursion à Rotsidan, une plage à 45 minutes de chez eux. Où qu'ils aillent, grand-mère n'oublie jamais d'emporter le café. »

« Les tomates du jardin. »

« Grand-père est toujours autant passionné de photo. »

« Ils étudient une carte de randonnée. En arrière-plan, ce sont mes photos accrochées au mur. »

*« Tout est réutilisé, mes vieux vêtements, les sacs en plastique…
Des habitudes de leur enfance à la ferme. »*

« Grand-mère garde le pain sec pour les cygnes. Elle a toujours pris soin des autres et des animaux. »

« Aux funérailles de mon père. Nous arrivons un peu avant le reste de la famille. Faire des photos m'aide à vivre la situation. »

« Grand-père s'est blessé en jardinant. »

*« Ces lits superposés datent de la construction de la maison.
Récemment, ils ont dû descendre la couchette supérieure, par précaution. »*

Denis Meyer
Ils ont marché sur la mine
p.6

Denis Meyer a été éducateur spécialisé pendant vingt ans. Passionné de photo depuis l'adolescence, il décide de se reconvertir à la veille de ses 40 ans. Une école et deux formations plus tard, il intègre le studio Hans Lucas. Le travail publié dans ce numéro est son premier reportage.

Xyza Cruz Bacani
Domestique photographe
p.12

Née en 1987 aux Philippines, photographe documentaire, elle est publiée par le *New York Times Lens Blog*, CNN et d'autres médias internationaux. Hier domestique à Hongkong, elle utilise la photographie pour mettre en lumière la vie des migrants et la traite des êtres humains. En 2015, elle a été soutenue par la fondation Magnum et nommée parmi les 100 femmes de l'année par la BBC.

Sergey Ponomarev
Une séparation
p.16

Sergey Ponomarev est né à Moscou en 1980. Photographe indépendant, plusieurs fois primé pour des reportages en zones de conflit, il partage le prix Pulitzer 2016 de la photo d'actualité avec ses collègues du *New York Times*, récompensés pour leur travail sur la crise des réfugiés.

Bülent Kiliç
«J'ai eu honte de l'Europe»
p.22

Né en 1979, il travaille pour la presse turque avant de rejoindre l'Agence France Presse, dont il dirige le bureau photo en Turquie. Nommé meilleur photographe d'agence en 2014 par *Time* et *The Guardian*, primé aux festivals de Bayeux et de Perpignan, il couvre les conflits en Ukraine, en Irak, en Syrie, et la crise des migrants en Europe.

Ozan Köze
«J'ai eu honte de l'Europe»
p.22

Il baigne dans la photo depuis sa naissance, en 1976 en Allemagne, avec un père et un oncle portraitistes. Il prend ses premières leçons dans la chambre noire familiale à 8 ans. Diplômé de littérature allemande, il commence à travailler pour la presse turque en 2003, puis couvre de nombreux conflits. Basé à Istanbul, il collabore avec l'AFP depuis 2012.

Michele Borzoni
Le loto de l'emploi
p.26

Après des études de géologie en Italie, Michele Borzoni, 37 ans, intègre l'International Center of Photography, à New York. À son retour, il fonde le collectif TerraProject, représenté par Picturetank. Sa série sur les concours de la fonction publique fait partie d'un projet sur le monde du travail italien : déclin des syndicats, e-commerce, travail au noir…

Sadegh Souri
La prison des filles
p.60

Sadegh Souri est né en 1985 en Iran. Réalisateur puis photographe, il a tourné *Madam G*, un documentaire sur la première femme gouverneure de la province du Sistan-Balouchistan. Il a remporté le prix du meilleur projet documentaire de Lens Culture 2015 avec ce travail qu'il a intitulé *«En attendant la peine capitale»*.

Isabelle Eshraghi
Les sœurs d'Ispahan
p.92

Née en 1964 d'un père iranien et d'une mère française, Isabelle Eshraghi quitte l'Iran à l'âge de 3 ans et n'y revient qu'à 32. Elle fait des séjours réguliers à Ispahan, sa ville d'origine, où elle a noué des liens avec plusieurs familles.

Paolo Woods

Paradis cachés

p. 134

Père canadien, mère néerlandaise, enfance en Italie : Paolo Woods est un *melting-pot*. Installé à Paris, puis en Haïti, il vient de déménager à Florence. Il se lance toujours dans des enquêtes dantesques. Auteur de cinq livres, il a travaillé sur la « Chinafrique », sujet publié dans *6Mois* n° 1.

Gabriele Galimberti

Paradis cachés

p. 134

C'est le poète du duo Galimberti-Woods, celui qui s'amuse à faire le tour du monde des recettes de grands-mères, des *couchsurfers* ou des chambres d'enfants. Ses travaux ont été publiés dans plus de 100 magazines. L'avis d'imposition qui l'a incité à travailler sur les paradis fiscaux l'attendait au retour de cette épopée. Avant de devenir photographe indépendant, il dirigeait un studio photo et une galerie à Florence.

Christian Bobst

De haute lutte

p. 158

Né en Suisse en 1971, Christian Bobst a fait des études de graphisme et travaillé pendant quinze ans comme directeur artistique pour des agences de pub en Suisse et en Allemagne. En 2010, il décide de se lancer dans le photoreportage. En 2016, l'une de ses photos de lutteurs sénégalais a reçu le deuxième prix au World Press Photo dans la catégorie sports.

Stefan Finger et Insa Hagemann

Mon père, ce touriste

p. 186

Ces Allemands nés en 1983 vivent en couple entre Hanovre et Düsseldorf. Insa Hagemann a étudié le photojournalisme et la photo documentaire ; Stefan Finger la communication politique et le photojournalisme. Leur travail sur les conséquences du tourisme sexuel est leur premier projet commun. Il a obtenu le prix photo Unicef en 2014. Ils viennent d'avoir un petit garçon.

Benjamin Hoffman

Jésus est du voyage

p. 216

Benjamin Hoffman, né en 1986 à Paris, est photojournaliste et réalisateur de documentaires. Il travaille essentiellement sur les questions de déplacements de populations. Il est l'auteur, avec Louis de Gouyon Matignon, de *Testament Manouche* (éd. de Juillet, 2016). Il termine un film sur le retour en Afrique de migrants subsahariens dont le parcours migratoire vers l'Europe a échoué.

Juan Manuel Castro Prieto

La vie rêvée des Andes

p. 248

Né à Madrid en 1958, il étudie l'économie et apprend la photo en autodidacte. Membre de l'agence VU, il explore les limites de la photographie, du nu au paysage, de la mise en scène à la nature morte. Du Pérou à l'Inde et l'Éthiopie, il travaille surtout en couleurs et à la chambre. Il a obtenu en 2015 le Prix national de la photographie en Espagne.

Rebecka Uhlin

Les complices

p. 292

Rebecka Uhlin est née en 1986 en Suède. Après ses études à l'École de médias et journalisme d'Aarhus, au Danemark, elle s'installe à Stockholm et se concentre sur des projets à long terme qui traitent de la psychologie, de l'identité et de l'intimité.

6MOIS

Rédaction en chef
Marie-Pierre Subtil (mp.subtil@6mois.fr)
Secrétariat général de la rédaction
Victoria Scoffier (v.scoffier@6mois.fr)
Direction artistique
Quintin Leeds
Maquette
Chloé Laforest
Rédaction
Mathilde Boussion, Léna Mauger, Mathieu Palain, Marion Quillard
Édition
François Cibot
Infographie
Alexandre Nicolas

Abonnements
Christine Blaise (c.blaise@6mois.fr)
6Mois, service des abonnements, 27 rue Jacob, 75006 Paris, abonnements@6mois.fr
01 69 27 74 90 (ligne directe)
Paiement en ligne sur www.6mois.fr

Direction éditoriale
Laurent Beccaria, Patrick de Saint-Exupéry
Relations presse
Isabelle Mazzaschi (i.mazza@6mois.fr)
Secrétariat général
Jean-Baptiste Bourrat
Direction commerciale
Pierre Bottura
Relations libraires
Jean-Baptiste Noailhat (jb.noailhat@6mois.fr)
Direction Rue Jacob diffusion
Élise Lacaze
Direction administrative et comptable
Christelle Lemonnier
Direction du festival Les Ateliers de Couthures
Laurence Corona
Direction de la fabrication
Marie Baird-Smith
Photogravure *Les Artisans du Regard, 224 avenue du Maine, 75014 Paris*
Impression *Druckhaus Kaufmann, Raiffeisenstraße 29, 77933 Lahr (Allemagne)*

Édité par Rollin Publications, SAS au capital de 55 728 €
Siège social : 27, rue Jacob, 75 006 Paris
Président et directeur de la publication : Laurent Beccaria

6Mois est imprimé sur du Luxoart Samt 115 grammes de chez Sappi. Du papetier au distributeur en passant par l'imprimeur, toute la logistique de la fabrication est assurée par une combinaison optimale « train-route ».

Contacts : +33(0)1 42 17 47 80 ou info@6mois.fr

ISSN : 2117-7260, ISBN : 979-10-90699-30-4
Dépôt légal : septembre 2016

PROCHAIN NUMÉRO 8 MARS 2017